尾島正洋

俺たちはどう生きるか

現代ヤクザのカネ、女、辞め時

講談社+α新書
プラスアルファ

はじめに

私がはじめて暴力団幹部と会ったのは１９９６年のことである。産経新聞社会部記者として警視庁記者クラブに在籍し、経済事件や暴力団による事件の取材を担当していた。暴力団というとどうしても一定の先入観を持つが、少しでもその実態を知るためには実際に会ってみるべきだ――そう考えていた。

業界の事情通を介して面会した暴力団幹部から受け取った名刺には、筆文字で「五代目山口組」と大書され、その下に所属する二次団体の名称、役職が記されていた。

コワモテの風貌や低い声、話し方に威圧されたが、それでも冗談交じりの会話になると、時折愛嬌《あいきょう》ある笑顔を見せた。硬軟を意図的に使い分けていたのかどうか、見きわめがつかなかった。この幹部とはそのとき以来、継続的に面会を重ねることになった。

以後、少なからぬ人数の暴力団幹部たちと面会し取材した。長年にわたって接触を続けることができた暴力団幹部もいれば、あるときから連絡が取れなくなった幹部もいる。

現在では多くの暴力団幹部は名刺を持たない。暴力団組織名が入った名刺を出すだけで威圧、威迫に当たると警察に認定される可能性があるためである。

本書では暴力団幹部、警察幹部の双方に取材した内容をまとめた。

ヤクザはどのように拳銃の練習をしているのかといったテーマや、ヤクザと女性をめぐるトラブル、「シノギ」と呼ばれる資金獲得活動、ヤクザが重要視する刺青や盃、刑務所での過ごし方、「ムショボケ」の実態など、本人たちの肉声を生かして、小説やドラマとは違った生身の暴力団員たちの姿を伝えるように心がけた。

テーマごとに暴力団幹部と警察幹部双方の見解を並べることでより実態を理解していただくように気を配ったつもりだ。

なお、文中では一部敬称を省略し、団体名、肩書、年齢については当時のままとした。

俺たちはどう生きるか●目次

第3章　ヤクザの財布

第4章　ヤクザの女

第5章　刺青と指詰め

第6章　マル暴デカのプライド

第1章

ヤクザと拳銃

栃木県の鹿沼警察署が押収した拳銃、脇差し（二〇一三年、毎日新聞社提供）

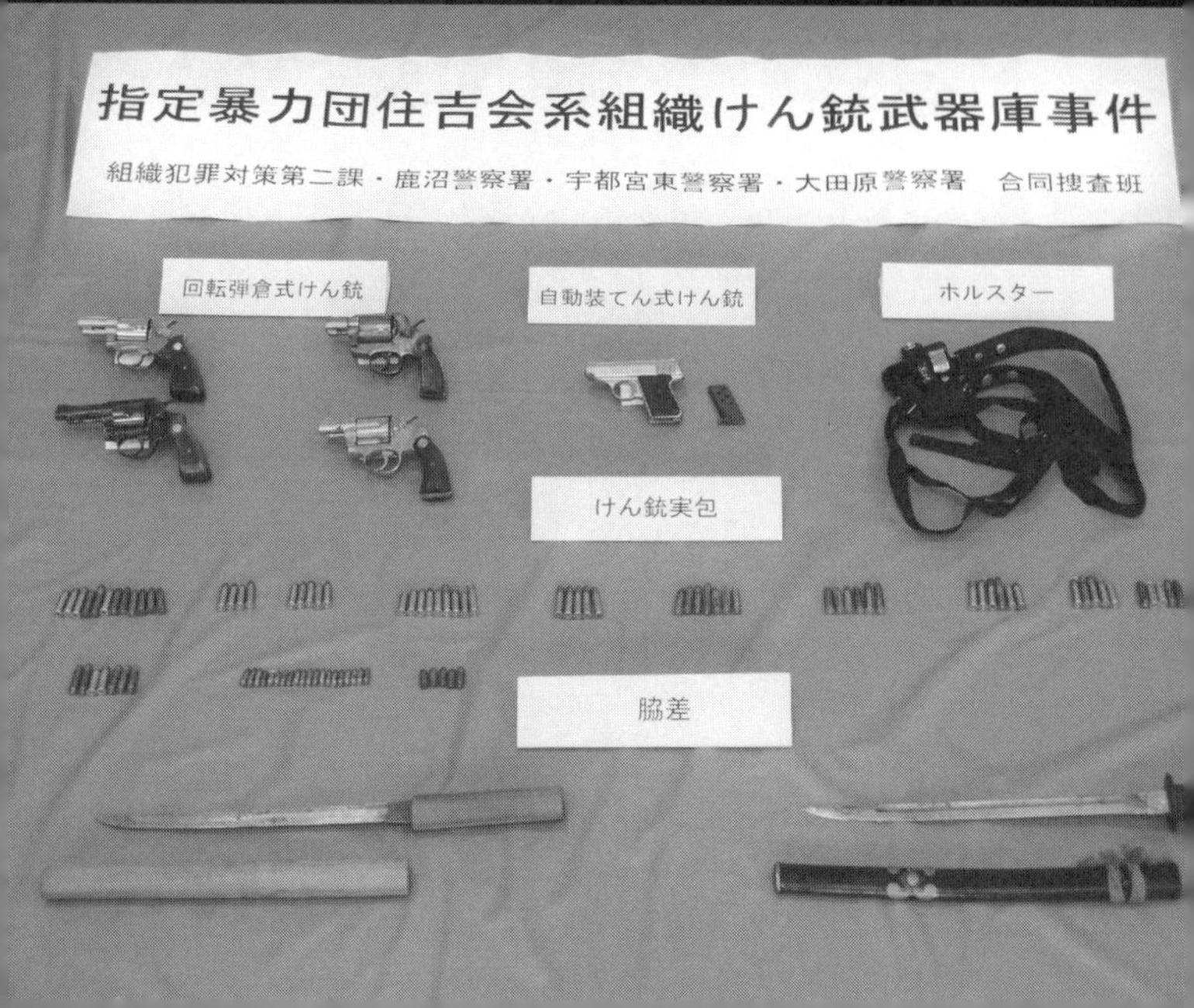

「大きな音」とは何を意味するのか

「今後、『大きな音（銃声）』が聞こえてきますよ」――六代目山口組が分裂し神戸山口組との間で対立の構図が決定的になった際、関西地方に拠点を構える六代目山口組系の幹部は、そう予言めいた不気味な見通しを口にしていた。

暴力団業界では拳銃の銃声を、しばしば「音」と表現する。

「音が鳴らずに済むわけがない。済ますわけにはいかない」と何度も聞かされていたが、その予言通りの事件が続発した。

「ハナクマで音（銃声）が鳴った」――2019年10月10日、業界に情報が駆けめぐった。

「山健組」は神戸市中央区花隈町に事務所を構えることから通称「ハナクマ」と呼ばれている。その事務所近くでこの日、山健組系の組員二人が拳銃で射殺された。実行犯は六代目山口組弘道会系の幹部だった。

銃撃事件はさらに続いた。

同年11月27日、兵庫県尼崎市の商店街で神戸山口組幹部の古川恵一がM16自動小銃で銃撃され、数十発の銃弾を浴びて殺害された。M16は米軍が正式採用している強力な火器で、遺体はハチの巣状態だったという。逮捕されたのは、六代目山口組竹中組系の元組員、朝比奈久徳だった。

山健組の組員二人を射殺した弘道会系の幹部は逮捕後に病死したが、古川をM16で殺害した朝比奈は無期懲役の判決が確定し服役した。

暴力団の対立抗争事件などで拳銃を使用した場合、近年は裁判で厳罰が下される傾向がある。殺人事件ともなると、無期懲役が相場である。

事件は兵庫県尼崎市の商店街で夕暮れ時の買い物客が多く行き交う時間帯だったこともあり、判決では、「一般市民にも被害が及びかねなかった」と強く非難した。

1997年8月、五代目時代の山口組の内紛で、宅見勝若頭が神戸市内のホテルの喫茶店で射殺された事件では、宅見若頭のすぐ隣の席に座っていた69歳の男性の後頭部に流れ弾が命中して死亡した。男性は歯科医で、医師会の会合でホテルに来ており関係者と談笑しているところだった。

事件を引き起こした山口組傘下の有力組織、中野会系組員の実行犯3人は懲役20年の判決となり、リーダー格は無期懲役の判決が確定した。暴力団が関与した事件やその刑事裁判をウォッチしている弁護士は、「被害者が二人となれば、現在では実行犯についても有期刑はないだろう。死刑の判断も十分に考えられる」と話す。

現在は有期懲役の最長は30年で、無期懲役が確定した場合は、30年の服役を経ないと仮釈放の対象とはならない。

こうした厳しい量刑になることが分かっていても、「うちにはまだまだケンカがあれば『自分が行きたい』と意思表示をしている若い衆がたくさんいる」と多くの暴力団幹部は言う。

無期懲役などほぼ終身刑に近い服役を強いられることが分かっていても、対立抗争では命がけでケンカの場に飛び込むという若手がいると言う。ある指定暴力団幹部は、「強い組織には、迷いなくケンカに行く気持ちのある若い衆が多い」と強調する。

暴力団社会では組織のための自己犠牲が称賛され、長い懲役から復帰すれば、かつては相応の地位や報酬が約束されていた。

現在は出所後の報酬などは法律で禁じられているが、出所後の祝いは密かに行われているようだ。

対立抗争が進行するに従い、「驚くほど『道具』の値段が高くなった」と主に東京都内で活動している指定暴力団の幹部が私に明かしてくれた。「道具」とは「拳銃」を意味する隠語で、アングラマーケットで拳銃の価格が高騰を始めたというのである。

実弾は一部で通称「マメ」と呼ばれ、1発につき1万円が相場だった。このころには、「マメを多めに付ければ拳銃一丁を3桁（100万円）で買い取る」という提示もあったという。

2015年8月の分裂前は「道具」は一丁、20万円から30万円で取り引きされていた。しかし山口組分裂後には、「あっという間に70万円から80万円になった」(同前)。

どこで拳銃の練習をするのか

ヤクザは拳銃の取り扱い、射撃に慣れていると思われがちだが、暴力団幹部は、「拳銃は一般に持たれているイメージに比べて、取り扱いが格段に難しい」と口を揃える。

指定暴力団幹部

（練習で）何十発も撃ったが、冷静に落ち着いて発射しても拳銃はとにかく当たらない。発射の際の反動で銃口が上を向いてしまう。大型の拳銃であればなおさらだ。45口径のような大型拳銃の場合は、片手で安易に撃つと肩の関節が外れるのではないかというほどの大きな衝撃と反動がある。

拳銃でさえ難しいのだから、（神戸山口組幹部が射殺された）尼崎で自動小銃を乱射した事件は、事前にかなり練習していたはずだ。

M16は戦争映画に出てくる機関銃のようなもの。ケンカに行く当日になってはじめてこの銃に触ったとか、手に取ったとか、はじめて撃ったということでは絶対にならない。銃を持つ構えから銃弾の装塡など、何もかもしっかりと指導されなければうまく操作できない代物に違いない。

暴力団社会では、対立抗争やケンカを「仕事」と呼ぶこともある。実際に対立抗争事件で相手を銃撃した経験がある指定暴力団幹部は、抗争時の心理状態について次のように証言する。

指定暴力団幹部

仕事（抗争）のために現場に行く際は、「これから相手を拳銃で撃ち殺すかもしれない」という思いと、「もしかしたら自分が殺されるかもしれない」という思いがせめぎ合って、異常な興奮状態で神経が高ぶっていた。腹のベルトに差し込んだ「道具」が冷たくて重かったことをよく覚えている。

ケンカで拳銃を相手に向けて発射したときの手ごたえ、強く重い反動はいまだに手に感触が残っているし、強烈な発射音も耳から離れない。撃ったときの光景は目に焼き付いている。

この幹部は銃撃事件を起こした後、自ら警察に出頭して逮捕され、刑務所での長期の服役に赴くこととなった。

前出の対立抗争事件で銃撃の経験がある指定暴力団幹部

この稼業に入ったら、将来は必ず拳銃を使うようなケンカがあるはずだ。そのために東南アジアに行って、合法的に拳銃を撃てる場所で練習を重ねていた。

いきなり拳銃を「はい、どうぞ」と手渡されたところで、すぐに撃てるものではない。

はじめて練習で撃ったときの感触は忘れられない。まず拳銃自体がずっしりとした手ごたえがあり、かなりの重さがある。銃をしっかりと両手で握り、腰を落として慎重に引き金を引かなければ銃弾は前に飛ばない。射撃場ではインストラクターが銃の握り方から教えてくれたが、はじめて引き金を引いて撃ったときは発射の際の反動の強さ、音の大きさに驚かされた。

しっかり銃を握っていても反動が強くてつい銃身が上を向いてしまうことがある。至近距離の2～3メートルであれば的に命中させる自信はあるが、5メートルも離れたら確率はかなり下がる。10メートル離れたらまず命中しない。

ドラマや映画では片手で拳銃を握って撃つシーンがよくあるが、実際にはかなり難しい。小型の拳銃や38口径の拳銃は片手でも撃てるが、45口径のような大型拳銃になると、両手で握らないと反動で前に飛ばない。

拳銃の弾倉には、「回転式」と「自動装塡式」がある。自分は回転式を使うと決めていた。撃鉄を起こすとレンコン型の弾倉が回転して確実に銃弾を送り込んでくれるから間違いがない。自動装塡式だと銃弾が詰まってしまうことがあると耳にした。いざというときに失敗して「弾が詰まってしまいました」では話にならないので回転式拳銃にこだわっていた。

この幹部は回転式のほうが確実性は高いと言うが、自動装塡式のほうが信頼度はあると主張する暴力団幹部もいて、それぞれにこだわりがあるようだ。

ヤクザはマイナンバーカードを持てるのか

対立抗争となれば暴力団組員たちは敵対する相手との間で命のやり取りをすることになる。

意外なことに、暴力団組員は健康保険証を所持している者が多いという。日本では、国民健康保険であれば、基本的には誰でも加入資格はある。暴力団組員だからといって排除されることはない。

東京都内で活動している指定暴力団幹部

けがをした際などのために健康保険は絶対に必要。必須だ。

ケンカに行ってけがをした場合に、無保険で治療費が10割負担となれば、大変な金額になる。ケンカはいつ起こるか分からないから、健康保険には加入している。所得がないことになっているから、保険料は最低レベル。ケンカだけでなく、普段から風邪をひいたとか、虫歯の治療だとかと何かと必要。

首都圏に活動拠点を構える別の指定暴力団古参幹部

世間の人たちは「ヤクザがけがをしたら、専門の闇医者の世話になる」というイメージがあるかもしれないが、自分の場合はそのようなことはない。ケンカはいつ、どこであるか分からない。もし自分が拳銃で撃たれたり、刃物で刺されたりするようなことがあれば、１１９番通報してもっとも近くの病院に運んでもらう。それが最善の策だ。ほかのヤクザもみな同じはずだ。

知り合いの医者がいる病院に運んでほしいなどと言っていたら、「あっちだ、こっちだ」とやり取りしている間に手遅れということになりかねない。最寄りの病院に救急車で搬送してもらえば、けがをしていれば誰でも治療してもらえる。ヤクザだからといって断られることはない。治療費がどれほどになるか分からないから、健康保険には当然入っている。

少し前のことだが、生命保険にも入っていた時期があった。（ケンカに備え）女房が手続きをしていた。

現在では暴力団などの反社会的勢力は契約を伴う行為から排除される傾向が強まっている。前出の古参幹部も、「いまとなっては生命保険には加入できないだろう」とこぼしていた。

健康保険証とマイナンバーカードを統合することなどを盛り込んだ改正マイナンバー法が２０２３年６月、国会で可決、成立した。政府は２０２４年秋に現行の保険証を廃止する方針を示している。暴力団はどう対応するのか。

前出の古参幹部

マイナンバーカードは取得しない。カードがなくとも使える代替の資格確認書で健康保険を使えるようにしていくしかない。

マイナンバーカードを作るには、銀行口座と紐づけることも求められることになりそうだ。近年は反社会的勢力の排除ということで、表向きは銀行口座を持っていないことになっている。だからこのようなカードはそもそも作れない。「銀行口座が実はあります」などと明かしたら、まずいことになる。かつてはヤクザの立場を隠して銀行口座を開設して逮捕された事件は山ほどある。（マイナンバーカードについては）何もしないということだ。

マイナンバーカードの申請や取得は義務ではないため、申請が難しい高齢者や取得を希望しない国民には「資格確認書」が健康保険組合から発行されることになる。多くの暴力団組員たちは、「マイナンバーカードは作らない」という。

ケンカのときに威力抜群の「万能薬」とは

暴力団幹部は毎日のように繁華街を飲み歩いているイメージがあるが、酒に酔っていい気分になっている最中に「ケンカ」「抗争」の一報が入った場合にはどう対処するのか。

前出の指定暴力団古参幹部

毎晩のように飲み歩いていたのはその通り。若いころは本当に毎晩、飲んでいた。しかし、酒を飲んで酔っ払っていてもケンカの招集がかかったら、道具（拳銃）を持って行かねばならない。そこで酔いが一発でさめる万能薬がある。

それは、シャブだ。覚醒剤のことだ。

ぐでんぐでんに酩酊するほど泥酔していたら効き目があるかどうか分からないが、少し酔っている程度だったらシャブを打つとすぐに酔いがさめて頭の中がスッキリする。

「修羅の街」の親分はなぜ極刑になったのか

暴力団が引き起こす事件では、実行犯は逮捕されても上層部の関与については黙秘を続けるため、トップの立件には至らないのが通例だった。

その前例を覆す司法判断が２０１４年１月、大阪高裁で下されている。２００７年５月、神戸市内で六代目山口組山健組系の多三郎一家のトップが刺殺された事件で、実行犯として逮捕された山健組系の健國会組員と共謀があったとして、健國会トップが逮捕された。

裁判は一審では無罪となったが、二審では一転して懲役20年の有罪判決が言い渡された。判決では、「組員が命令に基づかず殺害したというのは不自然で、通常ありえない」「暴力団組織としての秩序維持が動機の可能性が高い」と認定している。

この大阪高裁の判決が下された後の２０１４年９月、福岡で大きな動きがあった。

福岡県警が北九州市の指定暴力団・工藤会トップの野村悟総裁の逮捕に踏みきったのである。県警は「頂上作戦」と称して野村逮捕の機を窺っていた。

工藤会は、資金提供を拒否する企業や、暴力団排除運動に取り組む一般市民にまでその銃口を向けていた。ときには暴力団犯罪を捜査してきた福岡県警の刑事ＯＢに対してさえ発砲し、北九州市は「暴力の街」「修羅の街」とまで呼ばれた。

大手ゼネコンの社員や建設会社社長らへの銃撃事件、スナック経営者の刺傷事件だけでなくスナックの店舗への放火、暴力団追放運動のリーダーが経営する高級クラブへの手榴弾投げ込みや、個人宅への銃撃など事件が続発した。

福岡県公安委員会は２０１２年12月、工藤会を全国で唯一の「特定危険指定暴力団」に指定した。指定期間は１年間だが、以後更新が繰り返されており解除の見通しはない。

特定危険指定暴力団の規定は、同年10月に施行された改正暴力団対策法で新設されたもので、指定暴力団のうち一般市民に発砲したり、刃物で切り付けるなどの暴力行為を繰り返すことが危惧される「特に危険な暴力団」として指定される。

全国の組織犯罪対策を担当している警察庁幹部

指定暴力団に指定されると、繁華街の飲食店などからの用心棒代やあいさつ料などのみかじめ料の徴収や不当な債権回収などが判明した場合、中止命令が出される。従わない場合には再発防止命令が出される。それでも改まらないと逮捕となる。
加えて特定危険指定暴力団に指定されると、規制はさらに強化される。設定された警戒区域内で不当な行為などが判明した場合に、中止命令などの行政手続きを経ずに直罰規定として即座に逮捕できることになっている。即逮捕できる効果は非常に大きい。

福岡県警は、次の4つの事件の実行を指示したとして2015年7月にかけ計4回にわたり野村総裁を逮捕した。

① 1998年2月　元漁協組合長の男性射殺事件（殺人容疑・北九州市）
② 2012年4月　元福岡県警警部銃撃事件（殺人未遂容疑・北九州市）
③ 2013年1月　看護師の女性刺傷事件（殺人未遂容疑・福岡市）
④ 2014年5月　歯科医師の男性刺傷事件（殺人未遂容疑・北九州市）

いずれの事件でも実行犯として工藤会系組員らが逮捕され、有罪判決が下されていたが、野村総裁らトップについては犯行を指示した直接的な証拠がなく、それまで不問に付されていた。

裁判で検察は約90人の証人尋問を行い、野村総裁の意思には絶対に服従する工藤会の組織性を立証していった。

2021年8月の判決では、4つの事件でいずれも、間接的な証拠に基づき「共謀があったと推認される」とした。

裁判長は主文の言い渡しを後回しにし、認定された犯罪事実や量刑の理由から述べはじめた。

「野村は最上位の立場で重要事項についての意思決定に関与していたと推認できる。野村の意向を無視して実行することは組織のありようから考えられない」

さらに、元漁協組合長射殺事件は「野村が被害者一族の港湾事業の利権に重大な関心を抱き、(組合長側が) 交際を拒絶する中で起きた。動機は十分にあり関与がなかったとは考えられず、(実行犯との) 共謀が認められる」と認定した。

首都圏で活動している指定暴力団幹部

工藤会は暴れすぎだ。ヤクザはカタギ（一般市民）のみなさんに親しくしてもらって成り立っているようなもの。そのカタギに向かって暴力を振るうとは考えられない。ヤクザはケンカの相手がヤクザなら組織のためにやる。しかし、一般の市民を相手とは、どうしたことか。それも何度にもわたって。

そのうえ警察のＯＢにまで道具（拳銃）を向けるとは。工藤会がやりすぎたから、暴対法（暴力団対策法）の改正で規制が強化されただけでなく、暴排条例（暴力団排除条例）も福岡県から始まった。警察の締め付けが全国のヤクザに及んでいる。一言で言うと迷惑なことだと思っていた。警察を怒らせるだけ。

東京都内を中心に活動する指定暴力団幹部

カタギに手を出すとは、関東ではありえない。

個人的な見解だが、関東のヤクザは「警察とは適度に距離を置け。うまく対処しろ」という姿勢だ。関西のヤクザは「警察とは接触するな」というのが一般的だ。九州のヤクザ、なかでも工藤会は「警察官に拳銃を向けて何が悪いのだ」という感覚だ。意識がまるで違う。意に沿わない者はカタギだろうが、警察官だろうが、制裁を加えるということなのだろう。これはありえない。

警察庁で長年全国の暴力団対策にあたってきた幹部

暴力団とは、文字通り暴力を行使することで組織の維持を図っている。警察としては認められないが、百歩譲って暴力団が振るう暴力とは、対立抗争などの場合に暴力団同士の間で行使されるもののはず。一般市民に向けて暴力が繰り返し振るわれるのは到底、許されるものではない。

午前10時に始まった野村被告の福岡地裁判決公判は昼の休憩をはさんで夕方にまで及んだ。

裁判長は午後4時すぎ、工藤会が引き起こした4つの事件について野村総裁に死刑判決を言い渡した。

「組織的、計画的で人命軽視の姿勢は著しい。甚大な社会的影響が生じた。暴力団の組織力を利用して首謀者として関与した。極刑の選択はやむをえない」

関西地方に拠点を構える指定暴力団幹部

承服しがたい判決だ。まったく受け入れられない。ヤクザであれば何でも有罪とする「ヤクザ裁判」だ。（トップが犯行を指示したとする）しっかりした証拠がなくとも、何でもヤクザだからといって死刑となるのであれば問題だ。

ヤクザの事件だからといって、すべての事件で今回の判決と同様に間接的な証拠が認められ、何でも推認で有罪となるわけではないはず。

カタギに銃を向けるのは論外だ。自分はカタギには小石すら投げない。自分はカタギとうまくやってきた。カタギをいじめても何の得にもならない。無抵抗、無防備の人間に何かしらの暴力を振るうのはありえない。「強きをくじき、弱きを助ける」などという綺麗ごとを言うつもりはない。

だが、実際にはカタギの世界の人を大事にしないとカネにならない。不動産ビジネスなどその他もろもろで、カタギの人を儲けさせてあげれば、「次もまた一緒にやりましょう」と言ってくれる。

主文の言い渡し終了と同時に野村総裁はこう言い放った。

「なんだこの裁判は。全然公正やない。全部、推認、推認。あんた生涯、このこと後悔するよ」

恫喝とも受け取られかねない言葉で、「裁判官に報復せよ」という組員に対するメッセージではないかと一部で受け止められた。

別の警察庁幹部

裁判官に対して「後悔するよ」とは、要するに外にいる子分たちに、裁判官が後悔するような嫌がらせをしろということだろう。このようなことは決して許されることではない。

二審でも死刑の判断が維持されて、野村にはさらに後悔してもらわないと。

裁判官に対する襲撃事件などは絶対にあってはならないこと。司法に対する攻撃は、国家に対する挑戦のようなもの。許されないことだ。

裁判官が襲撃されるようなことになれば、麻薬組織がはびこる南米の某国のようになってしまう。（野村の発言によって）もし裁判官への嫌がらせ程度でも何かしらの事件が起きたら、工藤会という組織は、親分の発言の意味を忖度して、実行する組織だということを逆に証明することになり、今回の（野村の死刑）判決を裏付けてしまう。

警察当局は不測の事態に備え、担当した裁判官たちを二十四時間の身辺警護対象とした。

第2章

掟破りのヤクザ

葬儀など「義理事」の最中に抗争をしかけるのはご法度とされる（撮影＝眞弓準）

葬儀場襲撃事件はなぜ発生したか

暴力団同士の対立抗争事件を「ドンパチ」と呼ぶこともある。
暴力団は組織を挙げて無軌道に突き進むように思われがちだが、特定の行事の際には事件を起こさない暗黙のルールがある。

首都圏に活動拠点を置く指定暴力団の古参幹部

ヤクザの社会ではケンカは止められない。トラブルがあれば抗争になることも多い。しかし、ケンカをするにしても、相手の組織の幹部が亡くなって、その葬式の最中などにやるのはタブーだ。

特に書面や文書があるわけではないが、我々の業界の常識というものがある。慶事や弔事などいわゆる「義理事」のときに仕掛けるのはダメだ。たとえば、ある組織を継承した親分の襲名披露が行われている最中だとか、祝い事のときもケンカは控えることになっている。

しかし、まさに「掟破り」「タブー破り」そのものの事件がかつて発生した。

2001年8月、東京都葛飾区の葬儀場「四ツ木斎場」で、住吉会向後睦会の幹部の通夜が営まれていた。その真っ最中に、参列していた向後睦会の熊川邦男会長が葬儀場に紛れ込んだ男たちによって射殺され、さらに熊川の近くにいた住吉会滝野川一家の遠藤甲司総長にも銃弾が当たり死亡。別の幹部も重傷を負った。

事件を引き起こしたのは稲川会大前田一家の幹部2人だった。

タブーを犯した衝撃は大きく、稲川会は、すぐさま大前田一家総長の小田建夫を絶縁し別の最高幹部も引責辞任した。

大前田一家は江戸時代からの系譜をひく老舗の名門組織だが、稲川会は関係者の処分だけでなく、この歴史ある「大前田一家」という名称を傘下組織に使わせないことも住吉会側に提示し、事態は収まった。

当時を知る指定暴力団幹部

あのころ、稲川会と住吉会との間である問題をめぐって揉めていたから、そのうち大きなケンカになると思っていた。それにしても、通夜の席で道具（拳銃）を使って弾くとは。不文律であってはならないことだったのだが……。

四ツ木斎場事件について稲川会との和解に不満を募らせていた住吉会系矢野睦会会長の矢野治と同会幹部らは、稲川会大前田一家に所属していた元幹部を執拗に付け狙った。

２００３年１月、稲川会大前田一家の元幹部が前橋市内のスナックでくつろいでいるところに住吉会系矢野睦会の幹部２人が乱入し拳銃を無差別に乱射した。

元幹部は奇跡的に難を逃れたが、暴力団の対立抗争事件とはまったく無関係の会社員ら一般客３人が巻き添えとなり死亡した。店外では元幹部のボディーガード役だった稲川会大前田一家の元組員も射殺され、計４人が殺害された。

前出の暴力団幹部

襲撃役は人相が分からないようにヘルメットをかぶっていた。真冬で外気との温度差が大きく、店内に入るとフェイスガードが曇ってしまい、誰がどこに座っているのかよく分からなくなり、とにかく拳銃を撃ちまくった。それで無関係の客に当たってしまったとのことだった。

この事件は被害の重大さから、「前橋スナック乱射事件」として語り継がれる。矢野はすでに別の殺人容疑で逮捕されていたが、後に前橋スナック乱射事件でも実行犯とともに逮捕、起訴されることとなる。

矢野は前橋スナック乱射事件の前にも、大前田一家の元幹部宅に向けて発砲していたほか、火炎瓶を投げ込むなど攻撃を続けていた。

警察当局の捜査幹部OB

四ツ木斎場事件で殺害された住吉会の幹部は、矢野に目をかけて出世させてくれた、矢野にとっては恩人のような存在だった。執念深く報復を繰り返したのはこうした動機があったのだろう。

逮捕後、矢野は取り調べに黙秘を続けたが、実行犯の男は、「矢野会長から指示を受け、(もう一人の実行犯と)二人でやった」と供述。矢野が事件の首謀者であるとして捜査が進められ、もう一人の実行犯は指名手配された。

矢野の初公判は、2004年5月に前橋地裁で開かれた。矢野は「覚えがない」と起訴事実を否認したが、検察側は冒頭陳述で矢野の驚くべき指示内容を明らかにした。

それによると、事件直前に店内の様子を確かめた実行犯は携帯電話で矢野と連絡を取り、店内には一般客がいるために襲撃を中止するよう要請していた。しかし、矢野は、「店内にいるのはみんな（稲川会系元幹部の）仲間だ。ゲームだから、深刻に考えるな。みんなやっちまえ」と店内の全員を射殺するよう強く指示したというのである。

過去の殺人を自ら告白したのはなぜか

この事件では、指示役の矢野と実行犯2人の計3人に死刑判決が言い渡された。その後はさらに異例の経緯をたどった。

死刑判決が確定する2014年ごろから、矢野は1996年の神奈川県内の再開発トラブルと、1998年の金銭トラブルという2件の殺人事件への関与を告白する手紙を警視庁に送っていたのだ。

警察当局は2件の殺人事件についていずれも把握していなかった。矢野の自白通りに遺棄された男性2人の遺体が発見され、矢野は2017年に殺人容疑で逮捕された。ところが、矢野は公判が始まると掌を返すように無罪を主張。その目的は裁判を長引かせ、自らの死刑の執行を先延ばしさせることだった。

だが、2018年12月に東京地裁で言い渡された判決で、2件の殺人事件について「自白の目的は死刑執行引き延ばし」「虚偽の自白をする動機があった」などと事件への関与はなかったとして無罪とした。

この事件を担当した裁判長は、判決言い渡し後、「あなたから控訴はできません」と伝えている。無罪となった矢野には控訴の客観的な利益や正当性が認められないということだ。検察も控訴せず裁判は終結。延命工作は万策尽きた。

死刑囚となった矢野は、2020年1月、東京拘置所で死亡した。71歳だった。法務省によると、首に切り傷があり自殺と見られた。裁判の結果を悲観したのか、動機は不明のままだ。

前出の指定暴力団幹部

（四ツ木斎場事件で稲川会側が）業界のタブーを破ったことへの反発を動機に事件を起こした矢野はヤクザの歴史に名を残すはずだった。しかし、最後になって見苦しい姿を見せることとなってしまった。

山口組分裂抗争「過熱」「自粛」のきっかけは

六代目山口組が分裂したのは２０１５年8月である。

当初、国内最大の繁華街である東京・新宿の歌舞伎町で乱闘騒ぎが起きるなど散発的な衝突はあったが、しばらくは不気味なほど平穏な状態が続いた。

しかし、ほどなくして対立抗争事件が相次ぐ事態となる。２０１６年2月以降は事件が続発、歯止めが利かない状態となった。「何が理由かは分からない。ただ、正木組事務所の発砲事件の発生をきっかけにして、抗争事件の発生が止まらなくなった」と警察庁幹部が振り返る。

2月23日、神戸山口組傘下の有力組織で福井県敦賀市の正木組事務所への発砲が「号砲」となり、毎日のように対立抗争事件が発生した。

当時の六代目山口組の勢力は44都道府県に及び、構成員は約6000人。対する神戸山口組は36都道府県に拠点があり、構成員は約2800人となっていた。二次団体、三次団体は双方ともに勢力はほぼ全国に及んでおり、多くの拠点がある関西、中部だけでなく、東京や神奈川、埼玉などの首都圏、北海道や長野などに戦線は拡大した。

相手の事務所への発砲や火炎瓶の投げ込み、車両の突入、繁華街での乱闘騒ぎなどの事件が全国で発生。多い日には一日に3件の抗争事件が発生したこともあった。3月に入っても事件は続いた。

河野太郎国家公安委員長は会見で、「対立抗争状態と言わざるをえない。市民に迷惑がかかることがないよう、しっかりと対立を抑え込みたい」と話した。

この直後、予想もしなかった大災害が起こる。

2016年4月14日、マグニチュード6・5の熊本地震が発生。276人が死亡、約2800人が負傷する事態に、全国の警察は機動隊などを応援派遣した。

しかもこの年の5月26〜27日には伊勢志摩サミットでオバマ米大統領はじめ各国首脳の

来日が予定され、警察は山口組の抗争への対応に加え、災害対応、テロ対策も迫られていた。

ところが、サミット開催が迫ると、一転して抗争事件がピタリと止まったのだ。5月2日に北海道旭川市の六代目山口組系傘下組織の事務所にコンクリート片が投げ込まれ、窓ガラスが割られた事件を最後に不思議なほど平穏な状態となった。

六代目山口組系の幹部は、「サミットを控えて、あの時期は『とにかく静かにしていろ。動くな』との指示があった」と明かす。「当面は法令遵守だった」と似つかわしくない言葉で振り返った。

関西地方に拠点を構える指定暴力団の幹部

暴力団業界の紳士協定のようなものがある。

国政、地方に限らず選挙などの国内の大型行事のほか、サミットやオリンピックなどの国際的な行事が国内で開催される際に事件を起こして警察に恥をかかせたら、さらに取り締まりが厳しくなる。警察は目の色を変えてガサ（家宅捜索）だ、何だとすっ飛んでくる。このような行事の開催期間中はとにかく自粛だ。事件を起こすのはタブー視される。

皇室行事も同じだ。我々は伝統的に皇室に対しては敬意を抱くという考えがある。天皇皇后両陛下の行幸啓も同じ。外出されて、行事に参加される際にも通常は静かにしているものだ。全国どこでも天皇皇后両陛下がお出かけになる際には、現地の警察の警備態勢は最高レベルになる。わざわざこのようなタイミングで事件を起こすバカはいない。


しかし、平和は長く続かなかった。伊勢志摩サミットが終了すると、すぐさま「大きな音（銃声）」が鳴り響いた。岡山市内に拠点を構える神戸山口組傘下の有力組織池田組のナンバー2である高木昇若頭が5月31日、射殺されたのである。逮捕されたのは六代目山口組弘道会系の組員だった。

これまでの事件は事務所への発砲や偶発的な乱闘騒ぎなどが多かったが、この射殺事件はまったく違った。あらかじめ周到に被害者の行動パターンを調査して事前に把握したうえで、計画的に実行に移したことが窺えた。

その後、同年7月に名古屋市内で神戸山口組系組員が射殺される事件が発生。8月には宮崎市内で乱闘騒ぎがあり、六代目山口組系の元組員が殺害されるなど事件が続いた。

２０２１年の東京オリンピック・パラリンピックでも、開催期間中（7月23日～8月8日、8月24日～9月5日）は平穏に推移していたが、オリンピック閉会間近の8月5日、神戸山口組系幹部が脚を銃撃される事件が発生している。

これについて六代目山口組系幹部は、「自粛といっても、はねっ返り者はいる」と話していた。

２０２２年6月22日公示、7月10日に投開票が行われた第二六回参議院議員選挙でも、直前まで対立抗争事件が続発していた。

神戸市北区の住宅街で２０２２年6月5日、十数発の発射音が響いた。銃口が向けられたのは住宅街の一角にある神戸山口組の井上邦雄組長の自宅で、玄関ドアに多くの弾痕が確認された。事件発生直後、近くの交番に拳銃を持って出頭した六代目山口組弘道会系の組員が銃刀法違反容疑の現行犯で逮捕された。

所持していたのは弾倉に6発装塡できる回転式拳銃一丁だけで、銃弾6発を2回ほど入れ替えて撃ち尽くしたものと見られた。神戸山口組のトップの自宅が狙われたのははじめてだ。

同年5月8日には大阪府豊中市にある入江禎宅見組組長の自宅に、車両がバックで突入する事件が発生した。門扉を破壊したとして、六代目山口組弘道会系組員が建造物損壊容疑で逮捕された。宅見組の入江組長の自宅が標的となったのも初である。

これまでも事務所などへの発砲や車両突入は多く発生してきたが、神戸山口組トップや最高幹部の自宅が続けざまに襲撃された前例はなく、この情報はまたたく間にSNSなどで暴力団関係者の間に拡散した。

警察当局の組織犯罪対策を担当している捜査幹部は情報収集に追われた。6月6日には佐賀県内の神戸山口組傘下組織の事務所に車が突入する事件も起きていた。

同時期には、神戸山口組から分裂して結成された任俠団体山口組の後継組織である絆会がターゲットとなった事件も続発した。三重県伊賀市で2022年5月10日、絆会組員が銃撃されて重傷を負ったほか、6月6日には神戸市長田区の絆会の織田絆誠《おだよしのり》代表の自宅に車が突入した。

２０２２年5月から6月上旬にかけての時期は、拳銃での発砲や車両の突入など凶悪事件が続発したが、6月22日の参院選公示が近づくと不思議と対立抗争事件は止まった。

前出の六代目山口組系幹部は、「国民の関心が低く、投票率が低調だとはいっても有名政治家の応援演説には人が集まる。テロなどへの警戒で警察の緊張度は高い」と話す。

暴力団による大規模な事件が発生することはなかったが、投開票日を翌々日に控えた7月8日の昼前、まったく思いも寄らぬところで「大きな音（銃声）」が鳴った。奈良市の大和西大寺駅前で遊説中の安倍晋三元総理が銃撃されて死亡したのである。

テロ行為の銃弾に倒れた安倍元総理の国葬は２０２２年9月27日に東京都千代田区の日本武道館で行われた。

事件後、警察庁の中村格《いたる》長官が事実上の引責辞任をしたため、後任の長官には同期入庁の露木康浩次長が就任、新体制での最初の大規模な警備となった。不測の事態が起きれば警察トップのクビを差し出すだけでは済まない。

こうした状況下で、六代目山口組は国葬の前日、傘下組織の構成員たちに対して、次のような趣旨の通達を出していた。

「明日の国葬の間、絶対に問題を起こさぬように」
「事件等を起こした者は厳罰に処す」
「外出は控えるように」

六代目山口組系幹部

安倍元総理の銃撃事件では、要人警護がおろそかだったと警察は批判の的となった。国葬では絶対に失態を犯さないという警備態勢となる。このような重大行事の警備の真っ最中に事件を起こすヤクザはいないはず。伊勢志摩サミットの際も、東京五輪でも、（組織の上部から）「静かにしていろ。動くな」という指示があった。それと同じだ。

首都圏に活動拠点を構える指定暴力団の幹部

国家的行事の際には、（暴力団犯罪の捜査を担当している）警察の組対《そたい》（組織犯罪対策部）の幹部から「行事の期間中には、騒ぎを起こさず静かにしていてくれ」との要請があることもある。

警察からの要請がなくとも、サミットやオリンピックなど国家的な行事の際には自粛するものだ。

各都道府県が毎年、持ち回りで開催している「全国植樹祭」「国民体育大会」「全国豊かな海づくり大会」「国民文化祭」は「四大行幸啓」とされ天皇皇后両陛下が地方を訪問されて国民と触れ合う機会となっている。

2022年11月に、兵庫県で開催された「海づくり大会」に天皇皇后両陛下が出席された際は、神戸市に本部を置く六代目山口組で外出自粛の通達が出されていた。

2023年5月19～21日の広島サミット開催期間中も、暴力団が引き起こした大規模な事件はなかった。

終了後の6月、神戸山口組の井上組長の自宅にガソリンがまかれあやうく放火されそうになったほか、7月には同組系事務所にトラックが突入する事件などが発生したが、報復が繰り返されるような事態には発展しなかった。

元総理秘書はなぜ暴力団に裏ガネを払ったのか

工藤会は北九州市を拠点としているが、福岡県内だけでなく隣接する山口県西部にまで勢力圏を広げていた。山口県は多くの総理大臣の出身地であり、安倍元総理の地元としても知られる。

表面上、政治家はヤクザとの接点を嫌う印象があるが、工藤会はかつて金銭トラブルから、山口県下関市内の安倍元総理の自宅や後援会事務所をターゲットに襲撃事件を繰り返していた。

最初の事件は２０００年6月17日で、下関市内の安倍元総理の自宅の車庫に火炎瓶が投げ込まれ、乗用車3台などが全半焼した。

２０００年6月から同年8月までに、安倍元総理の自宅や後援会事務所などいずれも下関市内で火炎瓶を使った5件の事件が連続して発生した。

①　２０００年6月14日　結婚式場の窓ガラス破損

②　２０００年６月17日　安倍元総理の自宅車庫で車焼損
③　２０００年６月28日　安倍後援会事務所の窓ガラス破損
④　２０００年８月14日　安倍後援会事務所の窓ガラス破損
⑤　２０００年８月14日　安倍元総理の自宅車庫で車の一部破損

下関市内の結婚式場が狙われたのは、実行犯の工藤会系組員が安倍後援会事務所と間違えたためで、この結婚式場は工藤会と安倍元総理との間のトラブルとは無関係だった。

すべての事件で火炎瓶が投げ込まれていたが、発火したのは６月17日に安倍元総理の自宅の車庫に投げ込まれたものだけだったのは不幸中の幸いで、いずれの事件もけが人はいなかった。事件は深夜に実行されており、出勤してきた後援会事務所職員によって翌朝、未発火の火炎瓶が発見されることもあった。

火炎瓶投げ込み事件の捜査は、発生から３年余りを経て解決へ向けて動き出した。福岡、山口両県警は２００３年11月、事件を指示した工藤会系組長や実行犯の組員、知人の元会社社長ら６人を非現住建造物等放火未遂と火炎瓶処罰法違反容疑で逮捕し、工藤会の組織的犯行と見て北九州市の同会本部などを家宅捜索した。

その後の取り調べで、工藤会系組長や元会社社長は襲撃の動機について驚愕の供述をしたのだ。

「（火炎瓶事件の前年となる１９９９年の）下関市長選で安倍が推した候補の選挙運動に協力した。候補は当選し、５００万円の報酬を受け取るはずが、３００万円だけだったので犯行に及んだ」

工藤会系組長や元会社社長らの初公判は２００４年6月、福岡地裁で開かれた。検察側は冒頭陳述で、「元会社社長が１９９９年の下関市長選で安倍が推す候補を支援し当選したため、安倍側に（事前に約束した）現金５００万円を要求した。安倍側は３００万円を工面したが、その後の要求を拒否されたため、工藤会系組長とともに犯行を決意した」と犯行動機を立証した。

工藤会系組長の判決公判は２００７年3月に開かれた。福岡地裁は、「人への被害もありえた危険な犯行で、金銭のためには放火もするという動機も身勝手」として組長に懲役20年（求刑・無期懲役）を言い渡した。

２００8年1月の福岡高裁の控訴審判決でも、「(工藤会系組長は) 事件の首謀者として、配下の組員に命じ、火炎瓶を繰り返し投げ付けて (安倍元総理側に) 圧力をかけた陰湿な犯行」と結論付けて控訴を棄却、懲役20年とした。裁判は有罪判決が宣告され終結、実行犯の組員らも有罪となっている。

事前の約束に反したとしても３００万円は提供されており、判決でも「被告人は、かねてから交際していた (安倍) 議員の地元秘書に対し、１９９9年に行われた下関市長選挙で自派と対立する候補を当選させないように活動して貢献したと主張して金員の支払いを要求し、３００万円の提供を受けた」と認定されている。

「理由はどうあれヤクザに現金を提供した行為は、現在であれば (２０１1年までに全国で整備された) 暴力団排除条例に違反している」と警察当局の捜査幹部は指摘している。

第3章

ヤクザの財布

ゴルフをプレーする渡辺芳則・五代目山口組組長
（撮影＝眞弓準）

「みかじめ料」を払う店はなくなったのか

暴力団業界では、資金獲得活動や資金源のことを「シノギ」と呼ぶ。たとえば「シノギに励む」は「資金獲得活動に熱心に取り組む」という意味になる。

警察庁は暴力団の伝統的な資金源として、「覚醒剤」「恐喝」「賭博」「ノミ行為」の4種類を規定している。伝統的としているように、戦後の昭和の時代から現在に至るまでのシノギといった意味で、その後の高度経済成長期、石油ショックによる不況期、バブル経済による好景気の時期など、暴力団は時代に合わせてさまざまなシノギを編み出してきた。日本中がバブル経済の好景気に沸いていたころは、地価を吊り上げる「地上げ」ビジネスで億単位の莫大なシノギがもたらされていた時期もあった。

「ヤクザのシノギの基本はやはり繁華街のスナックやクラブ、キャバクラなどから用心棒代名目などで徴収する『みかじめ料』だ」と警察当局の幹部ＯＢは口にする。

暴力団の基本的な資金源を遮断するため、1992年3月に暴力団対策法が施行され、繁華街でのみかじめ料の徴収が禁じられることになった。

中止命令を出すには暴対法に基づいて、各地の公安委員会によって指定暴力団として指定された組織の構成員であることが前提となる。暴力団であればどの組織も指定されるわけではなく、次の三つの要件が必要とされている。

1　暴力団としての組織の威力を用いて資金獲得活動を行っている
2　構成員に一定比率以上の犯歴所有者がいる
3　組長をトップに組織がピラミッド型の階層を形成している

現在、「六代目山口組」（神戸市）や「住吉会」（東京都）、「稲川会」（同）など指定暴力団は25組織となっている。

25組織のうち、六代目山口組が分裂したことで対立抗争状態となっている「神戸山口組」（神戸市）や、さらに神戸山口組から離脱した「絆会」（尼崎市）、「池田組」（岡山市）も指定暴力団に指定されている。このため、25組織のうち4組織が山口組を源流とする。

福岡県内には、「工藤会」（北九州市）、「道仁会」（久留米市）、「浪川会」（大牟田市）など5組織が指定されており密集地帯である。

指定暴力団となるとみかじめ料の徴収・不当な債権回収だけでなく、対立抗争状態となった場合に事務所の使用が制限されるなど規制は多岐にわたる。

指定にあたってもっとも煩雑な作業は構成員を認定することだ。暴対法施行前夜、準備にあたった警察当局の捜査幹部ＯＢが振り返る。

暴力団犯罪の捜査指揮を続けてきた警察当局の捜査幹部ＯＢ

暴対法が施行される前は、資料集めが大変で忙しかった。これまでの（立件した事件で作成した）調書のコピーを集めるなど認定資料を大量に作成した。身上調書といって、本籍、住所、氏名、生年月日などの基本的な事項から、いつごろヤクザになったか、組織内での階級、役職、親分は誰か、配下の若い衆は誰かなどを調書にして署名させた。名刺や写真なども添付し「この者はヤクザで間違いない」とする資料を作成し構成員として認定していった。

山口組を指定暴力団として指定するにあたっては、兵庫県公安委員会が１９９２年４月に開いた聴聞会に、当時の五代目山口組の渡辺芳則《わたなべよしのり》組長の代理としてナンバー2の宅見勝若頭が出席して反論したことがあった。

宅見若頭は「法の下の平等に反し、ヤクザという社会的身分で差別するなど憲法違反」と主張し論客ぶりを見せつけた。

警察当局が資料作成に慎重を期していたのはこうした暴力団側からの反論や訴訟への対策という意味合いもあった。実際に山口組は1992年11月、指定暴力団としての指定の取り消しを求めた行政訴訟を神戸地裁に起こした（後に取り下げ）。

警察当局の幹部は、「このような訴訟でヤクザに負けるわけにはいかない」と慎重に手続きを進めてきた。

暴対法施行にあたり警察庁から全国の警察本部に対して、「（容疑は）何でもいいからヤクザを逮捕しろ」との大号令が下った。

前出の捜査幹部OBは、「傷害や恐喝などの本格的な事件だけでなく、組長がペットで飼っている犬が予防接種をしていなかったとして狂犬病予防法違反容疑や、ささいな密漁をしていたら漁業法違反容疑などで逮捕した」という。

とはいえ、一部ではみかじめ料の徴収といった慣習は根強く残っているのが実態だ。

首都圏で活動している指定暴力団の古参幹部

暴対法施行前までは、縄張り内の飲食店からみかじめ料などを集めても何も問題はなかった。幅広くやっていた。しかし、暴対法ができるとなったときはやっかいなことになったなと思ったが、逮捕されるよりはましだった。

当初は、中止命令が出されても「ハイ、分かりました」と従っていればそれでよかった。次第に慣れてきた。恐喝で逮捕されるよりはよほどマシと受け止めていた。

暴対法施行後は、かなりの飲み屋からみかじめ料を断られた。全国に展開しているような大手チェーンの飲食店はまずダメだ。コンプライアンス（法令遵守）とか何とか、難しいことをいろいろと並べてくる。それでも「店としては付き合えないが、個人でなら」ということで、店長や責任者クラスがポケットマネーで付き合ってくれることもある。そのほか昔からの付き合いのある店もまだまだある。

暴対法を盾にして、それでも支払いに応じない店に対しては、大型ダンプを店舗にバックで突っ込ませてメチャメチャに壊したこともあった。店が再開すると素直に支払った。そんなものだ。ただ、確実なシノギがほかになく、みかじめ料がシノギのメインだった者たちはカネを徴収できずに辞めていった者もいたのは確かだが……。

繁華街の飲食店経営者たちが暴力団を頼る実態について、警察当局の捜査幹部ＯＢが実情を指摘する。

警察当局の捜査幹部ＯＢ

繁華街のスナックなどの飲食店からヤクザの事務所に、「酔った客がカネを払わないと騒いでいる」などと連絡が入ると、ヤクザはすぐさま駆け付ける。ほかの客の迷惑にならないように裏口からすっと入り、問題の客の襟首をつかんで静かに裏口からさっと外に連れ出して懲らしめる。短時間で片付けてくれる。だから一部ではヤクザとの繋がりはいつまでも続く。証拠をもとにして、みかじめ料を支払っていることを問いただしても頑強に認めない飲食店経営者がある程度いるのは事実だ。

捜査幹部ＯＢが指摘するような事案が２０２３年3月になっても発覚している。

神戸市内でラウンジを経営する女性が六代目山口組系の組員に毎月20万円の用心棒代を

支払っていたとして、暴排条例に基づき、兵庫県公安委員会が利益供与をやめるよう勧告した。

「10年ほど前からカネのやり取りがありました。ややこしい客に対応してもらうためだった」

ラウンジを経営する女性は、そう説明したという。

なぜヤクザはメモを取らないのか

多くの暴力団幹部はガサ入れ（家宅捜索）などで押収されることを防ぐためにシノギに繋がるメモなどの類はいっさい取らないうえ、日記や手帳なども持たないという。

東京都内を中心に活動している指定暴力団幹部

普段からメモの類は取らないし、記録も残さない。組織の若い衆にもメモを取るなと指導しているし、事務所内にも余計なものは置かないようにしている。

世間様はヤクザの事務所には金庫があって大金が保管されているとか、拳銃を隠し持っているなどと思われがちだが、実際には何もないのが本当のところだ。自宅も同じ。

別の組織の指定暴力団幹部

カネの徴収や日時など必要事項を紙切れに書いておくことはある。徴収が終わると紙切れは破って捨てる。会合などが開催される予定がある場合は、事務所のホワイトボードに書いておくこともあるが、この程度は警察に見られても問題ではない。普段から若い衆にはそもそも事務所には重要な書類などは置くなと言いつけている。だから事件で警察がガサだといって令状を持ってきても押さえるような物は何もない。

暴力団犯罪捜査の担当を続けてきた捜査幹部ＯＢ

（捜査への対策として）ヤクザはメモを取らないし、手帳、日記の類も持たないことは承知している。ただ、珍しいケースとしては、みかじめ料についての一覧表を見たことがあった。

ある事件でヤクザの若い衆を逮捕してガサ入れしたところ、小さな手帳を押収した。手帳には多くのスナックの店舗名の略称のような文字のほかに、「25 ⑤」といった数字が細かくたくさん書いてあった。「数字の意味について説明しろ」と追及したところ、「25は毎月25日、⑤は5万円という意味だ」と自供した。このようなメモを押収することは珍しいので、事件としてよく覚えている。

「親分の財布」を管理していた極秘メモとは

北九州市の工藤会トップ・野村悟総裁が4件の殺人、殺人未遂事件で逮捕され死刑判決を受けたことは前述した。野村はこれらの事件の後の2015年6月と7月に2回にわたり所得税法違反容疑でも摘発されている。

この事件では、「金庫番」として上納金を管理する役割を担っていた工藤会最高幹部、山中政吉も逮捕された。山中は脱税事件におけるまさにキーマンだった。

事件当時の工藤会の構成員や準構成員数は約870人で上納金は一人あたり月数万〜数十万円と見られた。こうした上納金は複数の口座に送金して分散管理することで、使途や原資といった資金ルートを複雑にしていた。

２０１７年10月に福岡地裁で開かれた初公判で福岡地検は、野村と山中が共謀して２０１０～２０１４年に上納金から得た約８億９００万円を所得として税務申告せず、所得税約３億２０００万円を脱税したと主張した。弁護側は、上納金は工藤会に対するものであり、野村個人への上納金ではないと反論、検察側と弁護側が真っ向から対立した。

検察側は冒頭陳述で、工藤会が建設業者やパチンコ業者から上納金を徴収し、最高幹部の間で分配していたとし、現金の状態で山中に集められ、工藤会の資金と野村の私的な金に振り分けていたと指摘した。山中は野村の個人資金も管理して前妻や子供、愛人の生活費を送金していたとも主張した。

対する弁護側は、野村は資産家の家に育ち多数の不動産を持っていたこと、不動産売却や賃貸による収入があったうえ、上納金は工藤会に対するものであり、野村個人への上納金ではなく、私的な金と工藤会の金を混同していないと主張した。

公判では、工藤会が暴力団の威力を背景に強引に資金を集めていた実態について生々しい証言が相次いだ。

２０１７年11月の公判では不動産業の男性が検察側証人として出廷。「パチンコ店の新規出店の際、（工藤会関係者の）男にあいさつ料として現金4000万円を支払った」と証言した。不動産業の男性は、福岡県豊前市にパチンコ店を新規オープンする際に用地を仲介する役割を担っていた。

工藤会関係者の男は2005年に店舗の工事現場を訪れて、「（工藤会の）本家に許可を取っているのか。パチンコ台1台あたり10万円を支払わないと工事はできない」と要求したという。パチンコ業者は支払いを断ったが、開店できないことによって損失が発生することを土地の所有者が危惧し、工藤会側に4000万円を支払った。

2017年12月の公判では、大手ゼネコンの社員が検察側証人として出廷した。社員は「危害が加えられる恐れがある」と証言することを拒んだが、「工藤会側に2000万円を支払った」といった内容の供述調書が明らかにされた。大手ゼネコンが暴力団に資金提供していたことが法廷で明らかになったのはほぼ前例がない。

2005年に着工した北九州市内の工事をめぐって、工藤会関係者を名乗る人物からゼネコン側に脅迫電話があり、ゼネコンは下請け業者と対応を協議し、工事費の水増しによって資金を捻出した。別の地元業者に依頼して工藤会へ現金を提供していた。

２０１８年７月には、福岡地裁で脱税事件の判決が言い渡された。

野村は懲役３年、罰金８０００万円の実刑となり、金庫番の山中は懲役２年６月で同じく実刑だった。

判決では、野村は工藤会が集めたシノギのうち２０１０年から２０１４年の間に得た約８億９０００万円を税務申告せず、約３億２０００万円を脱税したと断罪し、「本件収入は建設業者から継続的に供与された上納金の一部について、野村が私的に配分を受けたもので、一時所得や事業所得ではなく、雑所得だった」と認定した。

脱税は多額で、暴力団組織の威力を背景にした建設業者からの上納金である点も悪質であり、所得の秘匿《ひとく》は計画的で巧妙だった。「事実を否認して不合理な弁解に終始、反省の態度が見られない」と判示した。

組長に渡された上納金を脱税事件として立件し、有罪が認められたのは初のケースとなった。警察当局の捜査幹部は「『山中メモ』が決め手だった」という。

暴力団の位置付けは、町内会や趣味の同好会、スポーツ愛好サークルなどと同様に「任意団体」とされている。

そのため集められた会費（上納金）が町内会などの運営費となれば非課税という扱いと

なる。

多くの暴力団でも同様に上納金が集められていることが推測されるが、集金から分配、使途などが明らかにならないよう巧妙に工作されているのが実態だ。しかし、工藤会の場合は、上納金の一部が野村側に毎月のように送金されており、生活費などに私的に使った形跡が確認された。

こうした客観的な証拠から、福岡県警や福岡地検は、カネは個人所得であるという判断に至った。送金先の口座にメモに記載されていた金額とほぼ同額の入金があったことも私的流用を裏付ける決め手となった。

工藤会は自らの意向に従わない企業や個人に対して容赦なく暴力を加えてきた。拳銃や刃物を使用しての殺人も躊躇《ちゅうちょ》しない。大手ゼネコンの支店への銃撃事件や、みかじめ料の支払いを拒否したスナックの女性経営者刺傷事件などのほか、餃子の王将を運営する王将フードサービスの社長射殺事件でも工藤会系組員が逮捕されている。

前出の警察当局捜査幹部

野村の意に反して上納金を少しでもごまかしたら、どのような制裁が待っているか、山中は十分すぎるぐらいに分かっていたのだろう。ただ、この事件ではそれがアダとなった。裏目に出たということだ。

逮捕後の2015年12月、福岡国税局が野村の個人口座の約8億円を差し押さえていたことが明らかになった。福岡国税局の税務調査によって、野村は2014年までの7年間に得た所得分の所得税約5億5000万円を納めていなかったことが判明。重加算税を含め約8億円を追徴課税した。銀行口座の残高も差し押さえとなった。

工藤会は最盛期には800人以上の構成員が警察当局によって確認されていたが、野村の逮捕などもあり近年は縮小傾向となっている。これまで工藤会への集中取り締まりで400人以上が逮捕されており、2022年末時点では約230人と構成員は急激に減少している。

最近も、大手建設会社が暴力団幹部に資金提供していたことが判明している。

東京証券取引所プライム市場に上場していた「三栄建築設計」の創業者で元社長は2021年3月、東京都内のアパートの解体工事について住吉会系幹部が指定した会社に工事費用を約1900万円水増しして仕事を発注、水増し分を小切手で住吉会系幹部に提供していた。

東京都公安委員会はこうした資金提供は暴力団排除条例に違反すると判断して2023年6月、利益供与を行わないように勧告した。

バブル期のヤクザはどのくらい潤ったか

バブル最盛期、暴力団幹部たちは地上げで得た資金を株式市場で運用するなどでさらに膨らませ、一部の暴力団幹部たちは「経済ヤクザ」と呼ばれた。

当時、大手私鉄の東急電鉄株の買い占めを進めるなど経済ヤクザとして知られたのが稲川会の石井進二代目会長である。石井を証券市場へと手引きしていたのは「ガリバー」と呼ばれた業界最大手の野村證券だったことが判明し、「証券業界のドン」とされた同社の田淵節也会長が辞任に追い込まれた。

五代目山口組ナンバー2、宅見勝若頭も地上げなどで巨額の資金を動かしていることが知られていた。宅見若頭は常々、周囲に「日経新聞を読んでいればシノギ（資金源）のヒントが見つかる」と口癖のように語っていた。

首都圏で活動している指定暴力団の幹部

当時は毎月のように地上げの仕事が入り数千万円単位のカネがどんどん入ってきた。そのほかに縄張り内の繁華街の飲食店からのみかじめ料なども継続的に集めていた。財布の中には一万円札がどっさりと入っていてパンパンに膨れていた。カネの使い道に困ったほどだった。

関西地方の指定暴力団の幹部

バブルの好景気のころ自分はまだまだ若手だったが、それでもバブル前には触ったことがないような億単位のカネが手に入った。車はリンカーンやベンツなど値の張る外車に乗っていた。

別の指定暴力団の幹部

バブルのころは、この地上げで1000万円、あちらで2000万円などと仕事が舞い込んで、1ヵ月のシノギが数千万円ということもあった。

バブル景気のころは、銀行などの金融機関は融資先を求めて貸し出し競争に明け暮れ、暴力団関係者が関わっている事業にも多くの資金が注ぎ込まれた。

1980年代に入ったころは6万人台前半だった全国の暴力団構成員は1980年代後半に向けて増加した。バブルのピークの1989年には構成員は約6万6700人、準構成員は約2万5000人が確認されていた。翌1990年は準構成員が約1万9500人に減少したが、構成員は約6万8700人に増えた。

だが、バブルが崩壊し各方面で資金がショートしはじめると暴力団業界でもシノギと呼ばれる資金獲得活動で対立が目立つようになった。巨大組織である山口組では、二次団体の間でシノギがバッティングすることも珍しくなくなった。追い打ちとなったのが暴対法の施行である。

施行前年の1991年の全国の暴力団構成員は約6万3800人と前年から減少したが、準構成員が約2万7200人に急増している。

構成員であると認定されると暴対法上の規制の対象となるため、偽装破門して準構成員に転籍させるなどの動きがあったと見られている。

１９９２年３月に暴対法が施行されると、同年の構成員は約５万６６００人と大幅に減少、準構成員は約３万４０００人に増加した。以降、減少を続けて２００１年には構成員約４万３１００人が確認され、この時点で最少を記録し、準構成員は約４万１３００人だった。警察の取り締まり強化に対し、暴力団は手を尽くして組織の生き残りを図ってきた。２００２年になると前年比で５００人増の約４万３６００人へと転じ、準構成員も約４万１７００人と微増となった。その後、構成員は２０１０年ごろまで４万人台をキープして一進一退となる。

「暴排条例」がもたらした壊滅的な打撃とは

暴力団を経済活動からさらに排除するため２００７年６月、政府の犯罪対策閣僚会議の申し合わせとして「企業が反社会的勢力による被害を防止するための指針」が定められた。

しかし、それに対して早速、報復が行われる。もっとも直接的な暴力が振るわれたのは福岡県で、2007年以降、大手ゼネコンの清水建設や大成建設の支店などへの発砲や放火が相次いだ。トヨタ自動車の工場には火炎瓶が投げつけられた。

こうした事態に対処するため、福岡県では2010年4月、独自の暴力団排除条例を施行した。

暴排条例はクラブやスナック、キャバクラ、居酒屋などの飲食店経営者、飲食店だけでなく建設業、金融業などさまざまな業種の法人、個人に限らず企業や事業者などが、暴力団側にみかじめ料などを支払うなどの利益を供与することを禁じた。

発覚した場合に勧告などが出され、さらに違反が判明した場合には事業者名などが公表される。反社会的勢力である暴力団との交際の事実が公表されれば、銀行取引がストップされる可能性がある。2011年10月に東京都と沖縄県でも暴排条例が施行され全国で整備された。

首都圏で活動する指定暴力団の幹部

当時は、シノギで付き合いのあったカタギのみなさんが離れていった。

かつては自分が管理しているシマ（縄張り）では飲食店から毎月、約100万円を集めていた。しかし、条例ができてからほとんどの店が「付き合いをやめる」と通告するかのように言ってきた。その後、収入は極端に減った。

刑務所に服役していたという別の指定暴力団の幹部は、「久しぶりに出所したら、環境がまったく変わってしまって驚いた。かつて付き合いのあった人たちとまったく関わりを持てなくなってしまった」と振り返る。

東京都は２０１９年10月、みかじめ料などを支払った側の飲食店などの経営者も摘発できるようにした「改正東京都暴排条例」を施行した。

２０２０年２月、警視庁は、みかじめ料を支払っていたキャバクラ店経営者と稲川会系幹部を条例違反容疑で逮捕している。経営者が条例違反で逮捕されたのはこのケースがはじめてだった。

暴排講演で人気スポーツ選手が下を向いた理由

暴排条例が全国で整備されると、警察当局は条例の趣旨を広く一般社会に知ってもらおうと各種業界団体、さまざまなイベント会場、地域の集まりなどで暴力団との接点を持たないよう講演会を行った。

当時、組織犯罪対策を担当し暴排条例についての啓発活動にも携わっていた警察当局の捜査幹部ＯＢが、あるプロスポーツチームの依頼を受けて行った講演会でのエピソードを明かした。

捜査幹部ＯＢ

スポーツ新聞だけでなく一般の新聞でも活躍が報じられ、テレビでも試合が放映される国民的な人気を集めているプロスポーツチームの選手たちを前に暴力団対策について講演をしたことがあった。すると、ある有名選手が突然、下を向いてうつむいてしまい、その後は決して顔を上げなかった。

講演会では、居並ぶ多くの選手たちに対して、「暴力団と交際しないどころか、接触すらしないことが大切。そのためにはどうするか。対策としては……」といった内容の話を進めていた。当初は顔を上げて熱心に聞いていた有名選手が、話が進むうちに一人だけ下を向いた反応に、この選手はヤクザと付き合いがあるなとピンときた。人気、実力、実績を兼ね備えた業界を代表するほどの有名選手だった。

捜査幹部OBは講演終了後、運営会社のマネージャーに声をかけて、「この選手については少し心配なことがある。それとなく（ヤクザとの交際があるかどうか）聞き出して、付き合いをやめるように注意しておいてほしい」と促した。

前出の捜査幹部OB

ヤクザは人気商売のようなところが多分にある。たとえば、繁華街の飲食店で酒を飲んでいて、身内はもちろん、その場で知り合ったような周囲のカタギの客に対して、「自分はこの有名プロ選手を知っている」「あの曲が大ヒットした人気歌手を知っている」などと披露する。

実際にその場で、「飲んでいるから来てよ」などと携帯電話で連絡を取る。実際に呼び出された有名人がひょっこりと店に姿を現すこともある。周囲の客はびっくり仰天で、大喜びする。呼び出したヤクザ本人には注目が集まり宴席は大盛況となる。自分の力を誇示する。それが目的だ。

誘われた際に、「遠慮したい」「仕事が入っている」と断れば角が立つ。ましてや「行きたくない」などとストレートに断ればもめ事になる。仕事があるなどとその場しのぎの言い訳をし、腹を立てた組員がプロスポーツ選手や人気の芸能人のスケジュールを管理しているマネージャーに電話で確認して話が食い違えばたちまちトラブルになる。

交流が発覚すれば（暴力団構成員との）交際者として名前が公表される可能性もないわけではない。「いままで応援してくれたように、今後もプロの選手として、歌手として、俳優としての活動を応援してくれるのであれば、交際しないことをお願いしたい」といった内容を整理して、断る常套句を考えて普段からメモにまとめておくよう勧めていた。

お笑い界のビッグネーム、島田紳助は六代目山口組最高幹部との交際が報じられ、２０１１年８月に引退した。くしくも暴排条例が全国で整備された年だった。

ヤクザはスマホの契約ができるのか

暴排条例が整備されたことで、反社会的勢力を社会から排除する気運が社会に広がるようになり、企業が顧客との間で契約を伴う事項について、約款を交わす際に「暴排条項」を取り入れるようになった。

銀行口座を新規に開設するにあたり、「暴力団などの反社会的勢力に属していますか？」という設問事項にチェックを入れずに身分を偽って口座を開設すると、詐欺事件として摘発されるようになった。

スマートフォン（スマホ）の契約や、車の購入、賃貸住宅の契約、ホテルの宿泊なども不可能になった。

ＮＴＴドコモには、暴力団などを排除するため反社会的勢力について次のような利用規約がある。

〈暴力団員、暴力団員でなくなった時から5年を経過しない者、暴力団準構成員、暴力団関係企業、総会屋、社会運動等標ぼうゴロ又は特殊知能暴力集団等その他これらに準じる者（以下総称して「暴力団員等」といいます）〉（一部略）

同様の規約はＫＤＤＩ（ａｕ）やソフトバンクなどにもあり、ある特定の会社のスマホなら暴力団が利用できるということはなく、実質的に締め出されている。

しかし、多くの暴力団幹部たちはあらゆる手を尽くしてスマホを利用し、ＬＩＮＥやメールで日常的に多くの連絡や情報のやり取りをし、重要事項については、テレグラムなどの暗号化アプリを使って連絡している。こうした実態はいわゆる「ルフィ事件」でもクローズアップされた。

関西地方に活動拠点を構える指定暴力団の幹部

かなり前から、複数のスマホを使いつづけている。

スマホを新規に契約しようと思い、ある携帯電話会社に「自分は反社（会的勢力）だけど買えるか？」と電話で問い合わせた。すると担当者が「どの店舗でもどうぞ。お近くの店でお買い上げ可能です」という回答だったので驚いた。

そこで、契約の際に交わす書面に必ずある「反社に所属しているか？」というチェック項目を外してくれと頼んだところ、「削除は無理です」と言ってきた。要するに、「ヤクザを辞めて新しいスマホを買ってくれ」という意味のようだった。組織に所属したまま契約を交わしたら、こちらが逮捕される。携帯電話会社の担当者としては営業成績を上げるために新規契約を取りたいということなのかもしれないが……。

多くの暴力団幹部は、銀行口座の開設、スマホや賃貸住宅の契約、車の購入などでは暴力団周辺者、交友のある協力者らの名義を借りているものと見られる。一部では摘発されたケースもあるが、警察当局の幹部は、「ヤクザに協力している周辺者から事情聴取し、偽装工作についての捜査を進めねばならないのだが……」とこぼすように、そこまでは手が回らないのが実情のようだ。

ゴルフ場で支配人から言われた言葉とは

企業経営者らにとっては、ゴルフ場は「大人の社交場」でもある。それはヤクザの世界でも同様だった。実際にゴルフを愛好する暴力団幹部も多い。

首都圏で活動する指定暴力団幹部

あるとき、（同じ暴力団組織の）身内だけで集まってプレーを楽しんでいたら、別の団体の幹部たちのグループもいたため、軽くあいさつを交わした。すると、そのグループに支配人と警察がやって来てプレーを中断し帰らされた。それを見て「アハハ」と笑っていた。

ところがその後、同じようにゴルフ場の支配人が来て、「プレー代はいりませんので、お帰りください」とのことだった。恐らく反社データベースのようなものをゴルフ場が独自に作っていて、（反社と）分かったのだろう。客が何者なのか分からなければ警察に通報できない。その後に一度だけ、別のゴルフ場に出かけたことがあったが、同じように「お帰りください」だった。もういまは、ゴルフはやっていない。すでに何年も前から、反社（会的勢力）はダメということになった。

ゴルフ場でのプレーやホテルの宿泊などについては詐欺容疑で逮捕されるケースもあ

る。

詐欺罪には「人を欺いて財物を交付させた者は10年以下の懲役に処する」という規定がある。その2項で、「前項の方法により財産上不法の利益を得た場合」も同様とされている。

経営者をだましてゴルフ場でプレーすることや、ホテルなどに宿泊することは「2項詐欺」と呼ばれている。

闇カジノはなぜ「おいしいシノギ」なのか

警察当局は4種類の暴力団の伝統的資金源のひとつとして「賭博」を挙げている。暴力団にとって「博打」は大きなシノギの柱だったが、警察の取り締まり強化で、いまでは賭場を開いている暴力団はないとされている。それでも、いまなお多くの暴力団組員たちは自らを「博徒」と称している。

博徒を名乗る指定暴力団ベテラン幹部

かつては自分で丁半賭博を主催していた。当時は週に1回、賭場を開いていて近所の中小企業の社長さんやスナックのママさん、博打好きなサラリーマン、主婦なども来ていた。一晩で数千万円が動くこともあった。「寺銭《てらせん》」は動いたカネの5パーセントを徴収していた。

「寺銭」とは、賭場の胴元に支払う手数料や場所代のことだ。諸説あるが、語源は江戸時代に寺の境内で賭場を開くことが多かったことや、手数料の一部を寺に寄進していたため、などとされている。

前出の指定暴力団ベテラン幹部

自分の場合は毎回、1000万円を用意して、負けた客に貸し付けたこともあった。もちろん信用の置ける客だけだが。自分のところ以外にも周りには複数の賭場があり、当時はほぼ毎日どこかで丁半賭博が行われていた。しかし、負けた客が警察にタレこんで、次々とガサをやられて全部潰された。

警察当局の捜査幹部

ヤクザはとにかく博打好きが多い。丁半賭博だけでなく、競馬や競輪など公営ギャンブルに大金をつぎ込む者も多かった。趣味が高じて、競走馬の実質的なオーナーになったヤクザの大幹部もいる。

競輪、競馬、オートレースなどの公営ギャンブルの収益は地方自治体に入ることになっている。しかし、公営ギャンブルにただ乗りする形で客を募る「ノミ行為」というシノギもあり、これも4類型の伝統的資金源のひとつとなっている。競馬法違反などで警察がノミ行為を事件化することも、かつては多かった。

前出の指定暴力団ベテラン幹部

所属していた組の親分は競輪、競馬が好きだった。中央競馬のＧＩのような大きなレースだけではなく、地方競馬にも足を運んでいた。そういう地方のレースだと、スタート時刻が近くなると、さほど人気のない馬のオッズが突然、ドーンと下がることがある。そこで、「今日は親分が来ているな」と分かる。大穴を狙って、人気のない馬にかなりな大金をつぎ込むとこのようなオッズになる。

最初はオッズの変動について不思議だなと思ったが、次第に「また親分が来ているのか」と納得するようになった。不人気の馬だから当然負ける。しかし、ごくごくたまに当たって、かなりの大金が手に入る。それがスリルだったのだろう。

暴力団幹部は、「ギャンブルに大金を注ぎ込むことで熱くなる。興奮度が増す」と口を揃える。

警察当局捜査幹部

現在は丁半賭博のような博打をやっているヤクザはほとんどいないだろう。賭博と言えば、最近は闇カジノだ。規模にもよるが、ヤクザのみかじめ料として1店舗につき、最低でも1000万円は払っているはずだ。数千万円ということもあるのではないか。

闇カジノは全国で摘発されている。最近では2021年2月、東京都渋谷区松濤の高級住宅街のマンションでカジノ店を開き、客に賭博をさせていたとして男女5人が警視庁に逮捕された。

名古屋市中区の繁華街のカジノ店も同月に摘発を受け、14人が愛知県警に逮捕され、現金約800万円や賭博で使ったと見られるトランプなどが押収された。

東京で活動する指定暴力団幹部

カジノは夕方から夜にかけて店を開けて、明け方まで客に遊んでもらう。客はだいたい身なりのよい金持ち。一晩に数千万円から1億円のカネが動くこともある。警察の摘発を逃れるために定期的に店舗を移す。そのたびに費用が必要になるが、それでも十分にカネになる。

それぞれの組織が管理しているシマ（縄張り）で、外部から何か商売をしたいという申し出があれば、あいさつ料を持ってくれれば承認されることもある。

警察当局捜査幹部

闇カジノの営業中に踏み込んで、その場で店長や店員、客を逮捕することはよくある。闇カジノの売り上げから、ケツ持ち（後見役）のヤクザにカネが渡っているはずだが、逮捕に至るのは店長止まり。バックにいるヤクザやオーナーにたどり着けるケースはあまりない。本来ならさらに突き上げ捜査を進めねばならないのだが……。

2023年7月に摘発された事件では、バックの暴力団幹部にまで捜査のメスが入った。東京・新宿の歌舞伎町の違法なネットカジノ「SEXY」から、みかじめ料などとして約5800万円を徴収していたとして、住吉会系暴力団幹部が警視庁に逮捕された非常にレアなケースだった。

警視庁は2005年のオープン以降に500億円近くを売り上げ、一部が暴力団側に流れたと見て捜査を続けていた。

2023年1月にカジノの経営者らを逮捕。その後の捜査で、住吉会系暴力団幹部の関与が判明したとして逮捕にこぎつけた。

この事件で、警視庁は組織犯罪処罰法のうち犯罪収益等収受を禁止する規定を適用した。主にマネーロンダリング（資金洗浄）を摘発する際に使われていた規定である。カジノ側が同意しての資金提供であっても違反行為となるため、今後、この規定での摘発が警察当局にとって新たな切り口になる可能性がある。

ローリスク・ハイリターンの新たなシノギとは

暴排条例が整備されて以降、経済的な苦境から、暴力団は新たなシノギを模索した。オレオレ詐欺などの特殊詐欺に乗り出したのだ。

首都圏に拠点を構える指定暴力団幹部

最近のシノギはヤクザらしい「脅し」ではなく、「ダマシ」だな。

みかじめ料を集めるにしても、（金品を脅し取る）恐喝にしても、ヤクザとしての自分の姿をさらさなければならない。相手に自分が認識されてしまう。これはリスクが伴う。だが、オレオレ詐欺などは電話をかけて銀行口座に振り込ませるので安全だ。ローリスク・ハイリターンだ。

カネを受け取るにしても、バイト感覚の若い者に取りに行かせるだけ。受け取り役の受け子にはリスクはあるが、やらせるほうはほぼリスクはない。はるか前からヤクザはオレオレ詐欺をやっている。

コロナ後に覚醒剤密輸が激増した理由

警察庁が暴力団の伝統的な資金源と位置付ける4種類のうち、「覚醒剤」は変わらぬ資金源でありつづけている。

暴力団業界の多くの組織では、「シャブはご法度」とされている。業界では「暴力団」という呼称は警察が勝手に押し付けた名称で、多くの組織は任俠団体を自任している。このため、社会を蝕んでいく覚醒剤に関与するのは「邪道なシノギ」であり、本来は手を出さないことになっている。

暴排条例などでシノギが厳しいなか、「シャブは重要なシノギだ」とある指定暴力団幹部は打ち明ける。

全国の警察が押収する覚醒剤は近年、急激に増えている。2010～2015年は年間

300〜800キロで推移していたが、2016年に約1500キロと急増した。以後、2018年まで毎年のように1000キロ以上の押収が続いている。

2019年6月には静岡県の下田沖で船を使って密輸しようとしていた覚醒剤約1000キロ（当時の末端価格で約600億円）が警視庁によって押収された。一度の押収量としては過去最多となった。この事件が摘発されたこともあり、2019年の全国の押収量は2293キロと警察庁の統計史上で過去最多となった。覚醒剤が重要な資金源になっていることが窺える。

覚醒剤は、ほぼ全量が海外から密輸されている。組織的に手荷物などに隠し入れて飛行機に乗り込み空港をすり抜ける方法のほか、新型コロナウイルスの感染蔓延前はインバウンドに便乗し、国際宅配便で民泊を届け先にする新手の密輸も発覚している。

2020年以降は新型コロナウイルスの感染蔓延の影響からか覚醒剤の押収量は減少し、2022年の全国の押収量は289キロだった。

しかし一転して2023年6月、東京港で覚醒剤約700キロ（同約434億円）が警視庁によって押収された。アラブ首長国連邦のドバイで覚醒剤をコンテナに貨物として隠し、陸揚げして密輸していたのである。一度の摘発での押収量は、前出の2019年の約1000キロに次いで過去2番目の量に相当する。この事件では中国籍の男女4人が覚醒剤取締法違反（密輸）容疑で逮捕された。

2023年5月には成田空港で約2キロが押収され、稲川会系暴力団組員らが逮捕された。

覚醒剤の摘発が相次いでいるのは、コロナ禍を経て飛行機での旅客の往来が復活しているためだ。

近年の傾向としてSNSで知り合った人物から海外で覚醒剤などが隠された荷物を預かり、事情をまったく知らずに密輸の手伝いをさせられるケースもあるという。

警察庁幹部

覚醒剤には根強い需要があるのはもちろんだが、国際的な薬物犯罪組織が暴力団を相手として取引を活発化させていることが考えられる。

覚醒剤を日本向けに発送するのも中国や東南アジア、南米、中東などその年によって変化している。

「シャブは重要なシノギだ」と発言していた前出の指定暴力団の幹部は、入手ルートについて「安全で大量に持ち込めるのは『瀬取り』だ」と明かす。瀬取りとは、洋上で船舶同士の荷物を積み替えることを指す。

瀬取りで覚醒剤を密輸する場合は、空路での手荷物とは違い、１００～数百キロ単位で一度に大量に持ち込めるため、効率がいいという。かつては日本海で北朝鮮から覚醒剤の密輸が行われ、大量摘発されたケースがあった。

前出の指定暴力団幹部

かつては、取引相手と洋上で合流するのが困難で、不確実な取引だった。しかし最近は覚醒剤を梱包した荷物にＧＰＳ発信機を取り付けて指定の海域に投下してもらうため、合流する必要がない。すでにかなり以前から行われている。受け取る側は発信機を追いかけて回収する。確度はかなり高い。空港や港の税関を経由しないので、何より安全だ。

国内で覚醒剤が大量に流通していることを裏付けるもう一つのデータとして、末端価格の下落が挙げられる。警察庁によると、2009年ごろには1グラムで約9万円だったが、その後、下落を始めて2019年には約6万～6万4000円、近年はさらに下落して1グラムあたり6万円前後とされている。一般的な1回の使用量は0・03グラムとされ、1グラムを購入すれば約30回分に相当する。

警察庁幹部は、「供給過多の状況が懸念されている。覚醒剤使用者の需要に比べて、経済的に苦しい暴力団サイドからの供給量が多いため、数年間にわたり徐々に値崩れしているのが実態ではないか」と分析する。

暴力団が海外の薬物犯罪組織などから仕入れる覚醒剤の原価は1キロあたり800万～900万円とされている。年末年始は空港や港、沿岸部でも警察や税関などの取り締まりが強化されるため、密輸が困難になって供給量が減少することから、1キロあたり1000万円以上に跳ね上がることもある。

こうした値段で仕入れた覚醒剤1キロを2019年の末端価格で売りさばけば6400万円となる。年間での過去最多となった2019年の押収量約2300キロを末端価格1グラム6万4000円で計算すると、売り上げは約1472億円となる。原価率は13～14

％ほどだから、利益は莫大だ。

指定暴力団幹部

うまく仕事をすれば、短期間で大きな稼ぎになる。客は街のどこにでもいる。サラリーマンや家庭の主婦、街中の若い連中などいくらでもいる。

覚醒剤が確実に売れる理由として、使用者の再犯率が高いことが挙げられる。かつて、覚醒剤の使用や所持の摘発人数は年間１万人前後で推移し、近年は減少傾向だが、再犯率は６割を超えている。一度でも使用したサラリーマンや主婦などが繰り返し暴力団から覚醒剤を手に入れ、安定した顧客になってしまう。

２０２０年春以降、世界的な新型コロナウイルスの感染蔓延で国内でも一時マスクの供給が逼迫し品薄になったことも新たなビジネスチャンスになったようだ。

指定暴力団幹部

コロナ禍で需要が多くなり、この際にはマスク50枚入りのケースを大量に売った。仕入れは1枚につき税込みで50円。これを1枚100～200円で売った。マスクはどこの店に行っても長期間、品切れ状態が続いていたが、あるところには在庫がしっかりある。

自分が買い付けたところはマスクを100万枚以上確保していた。さすがに、すべて買い取るほど持ち合わせがなかったが……。とりあえず、可能な範囲で手に入れた。

マスクを欲しいという人は、当時、1枚2000円でも3000円でも出した。ネットで転売は禁じられているが、手渡しで売れば規制はできない。どんな状況になろうとも、商売のルートを確保しておくことがカギ。コロナの感染拡大が始まった当初は、もっと大量にマスクを仕入れていた連中がいた。こいつらはかなり儲けたはず。自分もマスクは儲かるのではないかと思っていたが、ここまで騒動が大きくなるとは考えていなかった。

自分たちのお客さんたちには、「道具（拳銃）を都合してほしい」「シャブ（覚醒剤）を売ってくれ」など、さまざまな依頼、問い合わせがある。道具でもシャブでもお客さんが欲しいとなれば手に入れて回してあげる。これらは表では流通していない商品だ。マスクぐらいはまったく問題はない。いつでも入手して、お客さんのご要望にお応えできる。マスクぐらい用意できなければヤクザとしての名がすたるというものだ。

第4章 ヤクザの女

暴力団対策法に反対のデモ行進する組員の妻や「人権を守る会」のメンバー（一九九二年、共同通信社提供）

「兄貴分の女」に手を出したらどうなるか

暴力団組員が女性をめぐって起こす事件も数多い。男女トラブルに暴力団組員が関与、介入することで事件に繋がっていくこともある。

果物の栽培が盛んな、緑豊かな山々に囲まれたのどかな地域で２０２０年5月、銃声が鳴り響いた。

長野県坂城町の一般住宅で男女３人が倒れているのが発見され、いずれも死亡が確認された。亡くなったのはこの家の22歳の長女と16歳の次男で、この住宅に押し入った山口組系幹部の男（35歳）が死亡していることも確認された。

男はベンツで乗りつけて窓ガラスを割って押し入り、直後に長女と次男を射殺。自分もこめかみを撃って自殺したと見られている。

山口組系幹部の男は、離婚した30代後半の元妻と、この家の長男が職場の同僚だったことから二人が交際しているのではないかと疑っていた。銃撃事件の2日前には長男に対して殴る蹴るの暴行を加え、傷害容疑で逮捕状が出ていた。

元妻との関係を疑われた長男は、再び襲撃されることを恐れて自宅を離れていた。山口組系幹部の男は長男が不在の住宅に押し入ると、まだ高校に入学したばかりの次男ら、まったく無関係の家族を射殺し自殺するという凄惨な事件を引き起こした。

離婚したとはいえ、「ヤクザの女に手を出したな」との邪推からなのか、復縁を望めないとの悲観からだったのか、死亡してしまったためその動機が解明されることはない。

首都圏で活動する指定暴力団古参幹部

もし自分の親分の女に手を出したら大変なことだ。指を詰める程度で済むわけがない。昔だったら、殺されてもおかしくないだろう。手を出したのだから、その手を切り落とされても文句は言えない。最近はそこまでのことはしないが……。

拳銃をめぐる事件があり、兄貴分が、「(組織のために)警察に出頭しろ」と弟分に命じたため、逮捕され刑務所で服役することになった。ところが、しばらくすると兄貴分と(服役中の)弟分の女がデキてしまった。懲役に行っている間に、だ。あまりに理不尽だが、たまにはある話とも言える。刑期を終えた後、事実関係を知らされた弟分は(組織に)戻ってこなかった。

暴力団犯罪捜査のキャリアが長い警察当局の捜査幹部OB

かなり前のことだが、ある組織の兄貴分のヤクザが、弟分である舎弟の左手を別の若い者に押さえつけさせて、親指を除く人差し指から小指までの4本をすべてナタで切り落としてしまった。

兄貴分がある事件で逮捕されて刑務所に長期間にわたり服役している間に弟分が兄貴分の女に手を出して、いい仲になってしまった。兄貴分が刑務所から出所してきてしばらくしたら、その関係がバレた。そのケジメをつけさせたということだった。現在だったら傷害事件として警察の捜査対象になるだろう。

引退後の親分はなぜストーカーになったのか

2021年2月には、熊本県八代市のアパートの玄関前で41歳の女性が刃物で刺されて殺害されているのが発見された。女性は首や腹などに刺し傷が確認され、大量に出血していた。腕には刃物から身を守ろうと抵抗した際にできる防御創があった。熊本県警は殺人事件として捜査、アパート近くの防犯カメラに映っていた男の行方を追っていた。

事件の発生から2日後、アパートから約1キロ離れた山中で、カメラに映っていたのと似た男が首を吊って死亡しているのが発見された。その後の調べで、自殺した男は同市に住む元山口組系組長（71歳）であることが判明する。女性は生前、知人に「昨年秋ごろから付きまとわれている」と話しており、組長がストーカー行為に及んでいたと見られる。

男は六代目山口組の直参《じきさん》と呼ばれる直系組長だったが、2008年10月に絶縁処分となり引退していた。

指定暴力団幹部

山口組で直参といえば内部ではプラチナと呼ばれる特別な存在。それだけシノギもあっただろう。しかし、ヤクザというものは辞めてしまえばただの人。収入は格段に少なくなる。極端な場合はまったくカネがなくなることもある。今回の事件の女性との関係は分からないが、引退した後は失うものばかりだったのかもしれない。

殺害された女性には、幼い二人の子供がいた。なんの落ち度もない女性を道連れにしたのだ。

秋葉原のメイドカフェに勤める交際相手の女性店員をめぐって、同店の29歳の男性オーナーから現金200万円を脅し取ろうとしたとして、稲川会系幹部の男が2020年6月、警視庁に恐喝未遂の疑いで逮捕された。組幹部の男は2019年11月、この女性店員をめぐってオーナーとトラブルになっており、「ヤクザの女に手を出したら分かってんだろうな」と脅していた。

SNSが幅広く利用されるようになった近年では、出会い系サイトやマッチングアプリなどで知り合った女性と交際を始めようとすると、暴力団関係者と見られる男が登場するといった現代版の美人局《つつもたせ》もあるが、ある組幹部は否定的だ。

指定暴力団幹部

美人局のような事件は、最近は身近でほとんど聞かなくなった。そもそも、引っかかった男の前に自分の姿を晒さなければならないから危険は多い。ヤクザの「恐ろしさ」を見せつけることになる。いまとなっては利口ではない。ハイリスクだ。オレオレ詐欺のほうが安全にカネを取れる。

警察庁は「恐喝」を暴力団の伝統的資金源と位置付けているが、シノギは変化していることが窺える。

2015年1月、大阪市の飲食店経営の男（30歳）ら4人が30代の司法書士の男性に10代の少女を紹介して関係を持たせ、「ヤクザが家に来て、家族が無茶苦茶にされるぞ」と言って5000万円を脅し取ったとして大阪府警に逮捕された。

前出の指定暴力団幹部

この事件では、カタギの素人さんが、勝手にヤクザをかたって恐喝まがいのことをしている。「自分の名前を使われた、どうしてくれる」などとクレームをつけてくる本物（のヤクザ）が出てきたらどうなるか。あまりに怖いもの知らずだ。

2021年5月には、刑務所に服役中に起きた男女間のトラブルに山口組系組員の男が介入し、男性から現金約1500万円を脅し取ったとして警視庁に逮捕された。

組員は、仲間の男から「自分が刑務所に入っている間に、元妻がある男性と男女の関係になった」と相談を受けて、現金のほかに車や腕時計を脅し取っていた。

女性を使ったシノギの手口とは

組織犯罪対策を長年にわたり担当してきた警察当局幹部

かつての管理売春のような事件も最近になってもたまには摘発されるが、数は少ない。名称はさまざまだが、暴力団はキャバクラやガールズバー、ラウンジ、クラブ、スナック、風俗店など女性が男性客を接待する店からのみかじめ料などで大きな利益を得ているはずだ。

みかじめ料などの名目で資金を徴収していたとして、これまで全国各地の公安委員会が暴力団側に対して暴力団対策法に基づき中止命令を出してきたほか、特に悪質なケースについては同法違反で強制捜査に乗り出したこともある。

指定暴力団幹部

女を使う店を新規に出すにあたり、その地域を縄張りとしているヤクザに黙って店を出すことはまずない。必ずあいさつに来る。そうでなければ、どこかの組が押しかけるだろう。すぐにトラブルとなってしまう。店としてもあいさつしておけば、さまざまな問題が起きたときにすぐに解決してくれる。俗に「飲む、打つ、買う」というけれど、これはヤクザの三種の神器のようなもの。博打も当然、誰であろうと縄張り内では無断で行うことは決して許されない。

国内最大の繁華街である東京・新宿の歌舞伎町には、居酒屋などのほかに、女性による接待を伴うキャバクラやガールズバーなどの飲食店が密集している。夜の店で働く女性たちは、男性スカウトによって紹介された店で働くケースが多い。

歌舞伎町の夜の店で働く女性は、「この街で働くには、とにかく美人であることが大前提で最重要。スカウトがキャバクラなどに女性を紹介すると、その女性が働いている間は売り上げのうちから数パーセントの紹介料がスカウト側に提供される。これは『スカウトバック』と呼ばれるシステムで、かなりな金額になる。スカウトからすれば女の子のスペックによって売り上げが変わる」と話す。

スカウトが女性に向いた店を紹介するのだという。

「美人はキャバクラ。そうでなければ、それなりの店に紹介する。歌舞伎町は若くて美人であればそれでよいという土地柄。それなりの知性や教養が求められる銀座や赤坂とは違い、20代という若さは必要だけれど多少は下品でも構わない。最初はキャバクラで働いていても、なかには稼げない子もいる。稼げなければ風俗店に転籍することもある」

稼げる女性をひとたび「夜の街」に送り込めば、巨額の利益となる。だからスカウトは、歌舞伎町を歩いている女性に必死に声をかけつづけ、しつこく付きまとう。スカウトは、まずは女性とＬＩＮＥの連絡先を交換することがマニュアル化されているという。

前出の女性によると、「スカウトは30～40人と連絡を取れるようにしておいて、一人でもカネになる女がいればという感覚だから手あたり次第に声をかける」という。

歌舞伎町で「スカウト狩り」が起きた理由

「おい！　この野郎！　お前、スカウトだろう」

2020年6月のとある日の深夜、歌舞伎町に怒号が飛び交い、多数の暴力団組員がスカウトの男性を追いかけまわして暴行を加えた。それを撮影した「スカウト狩り」の動画も流出した。スカウトを追う男たちの数は100人ほどに膨れ上がったという。

大騒動の原因を作ったのは、やり手のスカウト会社「ナチュラル」だった。

同社は歌舞伎町だけでなく渋谷や六本木のほか、横浜など首都圏の繁華街で幅広くスカウト業を展開する。キャバクラやガールズバーなど接待を伴う「夜の街の店」に若い女性を紹介することで利益を得てきた。紹介先にはキャバクラだけではなく、風俗店もあった。

所属しているスカウトは数百人以上、歌舞伎町での仕事は10年以上にわたって続いていたという。ナチュラルは仕事ぶりの確実さから、キャバクラなどの歌舞伎町の店から信頼を寄せられ実績を積んでいた。同じようにスカウトを行っている複数のグループとも良好な関係を保っていたという。

ところが、2020年の春以降、ナチュラルが同業のライバル会社から腕利きの優秀なスカウトを次々と引き抜きはじめたことで夜の街で大問題となっていた。

この年は初春から新型コロナウイルスの感染が広がり、4月には全国で緊急事態宣言が出され夜の街の営業自粛が求められた。売り上げが大幅に減るどころかまったくなくなった店もあった。強引なスカウトの引き抜きは、営業上の危機感からだった可能性が高い。ライバルグループの不満は溜まっていった。

引き抜き被害に遭ったスカウトグループは、ナチュラルに抗議したが、聞き流されるだけだった。

そこで、トラブル解決のため、引き抜かれた側はあるところに相談を寄せたのである。それが住吉会幸平一家加藤連合会の傘下組織だった。

住吉会は山口組に次ぐ、国内2番目の勢力の指定暴力団として指定されている。「幸平一家」は住吉会内の中核組織で、「加藤連合会」は警察当局の認定では三次団体となるが、歌舞伎町の顔役、仕切り役として知られる。

加藤連合会は過去、数々の対立抗争事件を引き起こしてきた武闘派組織として名が通っており、東京で活動している指定暴力団幹部によると、「関東どころか、全国のヤクザで『加藤連合会』の名前を知らぬ者はいない」ほどだ。

話し合いのうえで和解の場が設けられたが、ナチュラルは、「引き抜いたスカウトは

（元の所属していたスカウト会社に）戻さないうえに、引き抜き行為も止めない」と拒否。和解どころか、交渉は決裂し事実上、武闘派組織に楯突くことを宣言したのだ。

武闘派で名が通る加藤連合会がメンツをつぶされた格好となってしまった。


この瞬間から一斉に、加藤連合会系の暴力団組員らが歌舞伎町の街中でスカウトを発見しては制裁を加えることとなった。

歌舞伎町の区役所通りを中心に、深夜、スカウトを見つけては大人数で取り囲み殴る蹴るの暴行を加えた。反撃に出たスカウトもいたが、多勢に無勢だった。

事態を重く見た警視庁組織犯罪対策四課は新宿署に捜査本部を設置。歌舞伎町内に設置されている多数の防犯カメラで撮影された暴行現場の画像を収集して分析するなど、本格的な捜査が進められた。約4ヵ月に及ぶ捜査のすえ、悪質な暴力行為に及んでいた実行犯らを特定し、10月になって傷害や暴力行為等処罰法違反容疑で、暴力団側4人とスカウト側3人の計7人を逮捕した。

この事件で警視庁が立件したのは、6月4日の夜に起きた区役所通りでのスカウト狩りに限定した暴力行為だった。翌日以降も地域を拡大して、「狩り」は行われていた。6月

5日以降、ナチュラルの幹部たちは歌舞伎町から姿を消し、残されたスカウトたちは震え上がり、怯えながら過ごすこととなった。

その後も騒動は続いた。当時、歌舞伎町に勤務するホストやクラブやキャバクラのボーイなど「夜の街ふう」の男性は次々と、「お前、スカウトだろう!」と脅されつづけた。「僕はホストクラブで働いています。ホストです。違います。やめてください」と懇願しても、「スカウトのことで何か知らないのか。あいつらが、どこにいるか教えろ」と問い詰められた。

暴力団組員が目の色を変えてスカウトを捜し回っていることは、瞬く間に知れ渡った。スカウトだけではなくホスト、ボーイなど、夜の街で働く男性は目立たぬよう足早に移動し出勤するようになった。暴力に怯える日々は新型コロナウイルスの感染拡大とも重なり、歌舞伎町の街頭は一時期、よりいっそう閑散とした。

しばらくはスカウト業界の男性たちは姿を消していたが、「歌舞伎町にスカウトたちが戻ってきたのは、9月ごろではないか。10月に入り、ようやく以前の姿になった」(前出の飲食店で働く女性)という。

ヤクザに惚れてしまった女性警察官はどうなったか

２０１８年、警視庁新宿署の23歳の女性巡査と指定暴力団の30代の組員の男との交際が明らかになった。

女性巡査は同署で暴力団犯罪の捜査を担当していた際に暴力団組員の男と知り合い、２０１７年11月ごろから交際がスタートした。

翌月には男が捜査対象となっているかどうかを尋ねられ、女性巡査は「交際が発覚したら、警察官を辞めなければならない」と思い込んで捜査書類を勝手に閲覧。携帯電話で捜査状況を連絡していた。次第に金銭を要求されるようになり、交際は解消した。

捜査情報を漏洩していたことを認めたため、警視庁は２０１８年３月、女性巡査を停職6ヵ月の懲戒処分とし、地方公務員法（守秘義務）違反容疑で書類送検した。女性巡査は依願退職した。

暴力団の複数の幹部も、「女性警察官とヤクザが交際していたなんて、聞いたことがない」と口を揃えた。

ヤクザはどうやって女性を口説くか

「カッコいい高級車に乗って、いい女を連れて歩く」。ヤクザはこのようなイメージで語られることがあった。1980年代の終わりから1990年代はじめのバブルの好景気のころは、まさにこうしたイメージを体現していたヤクザが多かった。首都圏に活動拠点を持つ指定暴力団幹部が当時を振り返り笑顔を見せる。

指定暴力団幹部

ヤクザが女にもてるとすれば、それはカネだな。

格好つけて、財布の中にいつも100万円ぐらいは入れている。夜の街で1万円札がぎっちりと詰まっている財布の中身をパッと見せれば付いてくる女は多い。逆に言えば、カネがないヤクザには女が付いてこない。

高級クラブで酒を飲んで、店の営業が終わればアフターでお気に入りのホステスを連れ出して、ホストクラブで遊ばせてやる。イケメンの男性ホストから接待してもらえば、ほとんどの女は喜ぶ。自分は楽しそうにしている女を見て、その横で酒を飲む。それが楽しい。

ホストクラブは朝までやっている店もあったので、夜の街に飲みに出かけると最後はホストクラブに寄ることが多かった。常連だから、店長もホストもみんな顔なじみ。かつては毎晩のように朝まで飲んでいた時期もあった。

朝まで遊んで家に帰り、昼過ぎに起きる。翌日もまた夜の8時ごろから飲みはじめ、適当な時間にクラブに寄って気に入ったホステスをまた連れ出し、ホストクラブで遊ばせてやる。

自分の組の事務所は繁華街のかなりいい所にあった。当時は若い衆にシノギを任せていた。夜の街からの収入がしっかり入ってきたほか、自分では個人的に金貸し、地上げなど手広くやっていた。カネはかなりあった。

妻は以前から事務所の近くでスナックをやっていた。別の女にもスナックを持たせてやった。別のクラブの女とも付き合って、常に数人の女がいたから気分次第で順番に女の所に通っていた。ある場所で女と遊んでいたら、別の女とバッティングして騒動になったこともある。

警察当局捜査幹部

自分が知る限り、「このオンナだ!」と気に入ってしまった女性に対してヤクザは徹底的に尽くす。とにかくマメに活動する。誕生日のプレゼントだとか、いろいろ名目を考えて熱意を示し、女性のほうが参ってしまう。

ヤクザはもともと身なりに気を配っているが、女性に対するときはさらに気を付ける。髪型、服装、時計、靴、バッグなどをきっちり揃える。そもそも身なりのみすぼらしいヤクザはいない。格好悪いヤクザだったら、女性だけでなくシノギなどの仕事でも、どこに行っても相手にされない。無理してでも背伸びをするもの。

ヤクザのほうから猛アタックすることもあるが、逆に良家のお嬢様が、不良が大人になったようなヤクザに勝手に憧れて、惚れてしまったことがかつてあった。お嬢様の周囲から、「何とかしてほしい」などと相談が寄せられて困ったケースもあった。

関西地方に活動拠点がある指定暴力団の幹部

既製品のスーツは1着もない。すべてオーダーメード。1ヵ月の間に同じスーツを着ることは一度もない。毎日スーツを替える。女性に会うと「あの人は同じスーツを着ているのを見たことがない。おしゃれな人だ」と勝手に評価してくれる。ここが重要なところ。

ネクタイや時計なども同じだ。

サラリーマンでも毎日、違うネクタイに替えるかもしれないが、時計や靴も違うものにしていれば「おカネ持ち」ということになる。女性が勝手に、「おカネ持ちで、おしゃれで、カッコいい人だ」と思い込む。

前出の指定暴力団幹部

ヤクザは人気商売。カネが必要になる。とにかく身なりが派手だ。目立つ服装をしているが、ただ目を引くということだけでなく高価なものが多い。服や時計、宝飾品など何でも。これは女性に対してだけではなく、カタギとのビジネスでも身なりをしっかり整えておかねばならないということもある。

夜の街に飲みに出かけても、我々は「宵越しのカネは持たない」と見栄っ張りで格好つけているところがある。散財することがカッコいい、周囲からカッコいいと見てもらえるという感覚がある。

ヤクザの「姐さん」は映画の通りなのか

組長の妻は、業界で「姐さん」と呼ばれる。フィクションとはいえ、姐さんをモデルにした大ヒット映画『極道の妻たち』でその一端が描かれたことがある。では、実在の「姐さん」とはどんな存在なのか。

暴力団の犯罪を長年にわたり捜査してきた捜査幹部ＯＢ

バブルが崩壊した１９９０年代、指定暴力団の最高幹部で、自らも大きな二次団体の組織を率いていた組長が「カネを払え」などと不動産業者を脅迫していたとの情報を入手し、内偵捜査を進めていた。容疑が固まったため、この組長の逮捕状を取った。それなりの人数で組事務所に到着したが、事務所に入る捜査員の数はごく少人数に絞った。

応対のために出てきた数人の若い衆に、「逮捕状が出ている。親分を逮捕する」と伝えると、「何だと！　警察が何しに来た！」と大声を出した。たちまち40人くらいの若い衆が出てきて事務所内で取り囲まれてしまった。

若い衆がひしめき合い怒号が飛び交って事務所内が騒然となると、奥から組長の妻と思われる女性が出てきた。

「お前たち！　警察の方たちはこんなに少人数で来ているのに、大人数で騒いで、恥ずかしくないのかい！」と事務所内に響き渡る声で一喝した。若い衆はたちまち大人しくなり、冷静な話ができるようになった。

声に張りとツヤがあって、事務所内に響くよく通る声だった。かなりの美人だったことも記憶に残っている。

さすがに多くの子分を抱える大組織の親分の奥さんだった。たいしたものだと妙に感心してしまった。この一喝によって、組長は姐さんの手前だけでなく、子分たちの手前もあり、逃げることはないなと思った。実際、組長は身なりを整えて事務所の奥から出てきて素直に逮捕に応じた。

「三代目姐」の決断が対立抗争に発展したのはなぜか

「姐さん」という立場で、もっとも有名なのは三代目山口組組長、田岡一雄の妻、文子だろう。

田岡の死去後、兵庫県警は文子が権力を掌握し、組長と同等の権威を備えているとして、事実上、山口組を率いる「首領」と位置付けていた。その背景には、巨大組織である山口組の四代目組長の座の後継者争いがあった。

田岡は戦後間もない1946年に組長に就任すると、全国各地に進出し、それまでは神戸市の地方組織にすぎなかった山口組を国内最大組織へと発展させた。

田岡は1981年7月、68歳で死去した。四代目組長として有力視されていた山口組ナンバー2の若頭で山健組組長、山本健一も翌1982年2月、56歳の若さで後を追うように死去する。それにより兵庫県警はこの年6月、文子を「三代目姐」と認定した。

山口組若頭補佐で竹中組組長の竹中正久が山口組若頭に就任すると、山口組内の実力者であった山広組組長の山本広が対抗して山口組四代目組長に立候補を宣言。後継問題は混迷を深めた。

ここで三代目姐・文子が竹中を推した。

1984年6月、竹中の四代目組長就任が正式に決定すると「山広派」は異例の記者会見を開いて、竹中の就任を認めないと宣言し、山口組を脱退して「一和会」を結成した。同年7月、竹中の四代目襲名が披露され、ようやく四代目体制がスタートした。

それからまもなく、1985年1月に竹中は一和会のヒットマンによって射殺される。同行していた山口組若頭の中山勝正ら最高幹部二人も殺害され、「山一抗争」が激化した。

竹中暗殺後、山口組は巻き返しのため猛烈な攻勢に出て、一和会を追い詰めた。抗争では双方で死者25人、重軽傷者約70人を出した。

竹中が殺害された約1年後の1986年1月24日、文子は死去した。山口組が山一抗争の終結宣言を出すのは、その1年余り後の1987年2月である。一和会会長の山本は山口組に謝罪し、自らの引退と組織の解散を宣言した。

田岡が生前に著した『山口組三代目　田岡一雄自伝』の巻末に文子が手記を寄せている。

「わたしは二人の（実の）子の母であると同時に、数多くの組員から、『姐さん』と呼ば

れる母親の立場でもあります。家庭とともに組員のことも大切で、たえずその内外の動きに心を痛めてまいりました。(中略)
躾の面ではかなりきびしくしてきました。(中略)
主人はわたしよりも若い者のほうが大切なのか、と腹もたち、悲しくもなり」

文子が生きた時代、山口組は全国に進出し肥大化していくに従い、各地の組織と対立が相次ぐと同時に、内部闘争、派閥争いが激化し、警察当局は山口組を最重要捜査対象として取り締まりを強化していた。

六代目山口組系幹部

当時の山口組は約1万人の組員がいた。文子姐さんは「自分は1万人の母親だ」という気持ちがあったのだろう。外部では警察は山口組を壊滅させると意気込んでいたし、内部では子分たちの母という重い立場。組長死去後の三代目姐という影響力は大きかった。それだけに内外のプレッシャーがあったはずだ。

姐さんに嫌われた組員はどうなるか

「組員の母親」としてその成長を見守り、厳しく指導しようという姐さんがいる一方、部屋住みの組員に対して厳しくあたる姐さんもいる。

「部屋住み」とは、暴力団に加入した若者が、親分の自宅兼事務所などに住み込んで掃除や洗濯、調理、車の運転、訪問客の接待などを通じて基本動作を身につけることをいう。行儀見習いの場とも位置付けられている。

東京で活動する指定暴力団幹部

本家の部屋住みに出していた、自分のところの若い衆に不始末があった。自分が出向いて「姐さん、すみませんでした」と謝罪すると、姐さんはテレビを観ていて顔を向けてもくれない。再度、謝罪しても不愉快そうにテレビを観ているだけだった。しばらくしてやっと、「あんた、まだいたの」と冷たい一言。これには困った。

「あの（不始末のあった）若い衆を、親分は気に入っているかもしれないけど、私は好きではない。絶対ダメ。これまで何十年も若い衆を見てきたけど、あの子は連れて帰って」

繰り返し頭を下げたが、姐さんはテレビを観たまま。

正直なところ、「親分が言うなら分かるが、姐さんがそこまで言える立場なのか」と少々、腹が立ったが、「すみませんでした」と言って引き下がった。

別の指定暴力団ベテラン幹部

自分は若いころに事務所で部屋住みをやった。正妻の姐さんは事務所に顔を出すことはなく、丁寧な話し方で「すみません、(組長は)おりますでしょか?」などと、たまに電話があるぐらいだった。

数人いた愛人のうちの一人は、クラブを経営するやり手で、事務所に立ち寄ることが多かった。事務所で若い衆にいろいろ用事を言いつけるなど、姐さんとしての実権を握っていた。

あるとき、そのクラブで働いていた売れっ子のホステスのうちの一人が、ホストクラブの男に熱を上げてしまった。すると、「何とかして」と指示が下りてきた。面倒だから自分はほったらかしにしておいたけど、しばらくすると別の若い衆に同様の指示をしていた。似たようなことはいろいろあったが、人事やシノギなど組の運営に口をはさむことまではしなかった。

一方で、面倒見のいいところもあって、カネに困ると100万〜200万円ぐらいはすぐに貸してくれた。正妻となる姐さんは本宅で生活していて、事務所とはほとんど関わりはなかった。組長はこの愛人宅で生活していたため、後から組に入ってきた後輩たちは、愛人を正妻と勘違いして、「姐さん」と呼んでいた。

この組織では、かつて傘下組織の組長クラスの妻たちの集まりがあった。

前出のベテラン幹部

俗に言う『極道の妻たち』の飲み会だな。よく開催していた。そのほかに、姐さんが気に入って応援していた歌手のコンサートにみんなで出かけていたこともあった。昔の話だが、歌手によっては組長クラスが声をかけて妻の集まりに遊びに来てもらい、歌声を披露してもらうこともあった。

何度も呼ばれていた歌手の一人は以前、ヒット曲を連発してかなり人気があり、テレビの歌番組にもよく出ていた。態度や口の利き方が横柄だったが、親分と姐さんが気に入って、可愛がっていた。飲み会では持ち歌のヒット曲を数曲、歌ってくれた。宴会が終わるとこの歌手は当然のように親分から小遣いをもらって帰って行った。歌のほか、座興のようなちょっとした芸を披露して、場を盛り上げてくれた。さすが芸能人だなと感心したよな。

いまは（ヤクザとの）飲食の場に同席しただけでアウトになってしまう。芸能人とはゴルフなどもよく一緒にプレーしたものだが、これもいまはダメになってしまった。以前は忘年会、新年会などの集まりに人気の歌手や俳優、お笑いタレントら芸能人だけでなく、有名なスポーツ選手たちが顔を出すことが多かった。現在では考えられない。

芸能界と暴力団組織の関係は、昭和の時代には公然のものだった。平成の時代にも同じような交際が続けられ、スキャンダルとして報道されることもしばしばだった。しかし、警察当局の指導や取り締まりの結果、その関係は遮断されるようになった。

前出の指定暴力団幹部も「最近は会合に顔を出す著名人はまずいない。公になれば追放される。そのような危険な橋を渡る人はいない」と語る。

姐さんに命じられた厄介な用件とは

東京で活動する指定暴力団幹部

ヤクザの姐さんには「専業」も多いが、クラブやスナック、居酒屋などのお店をやっていることも少なくない。自分のところでも、かつて姐さんが飲食店をやっていて、たまに昼飯などで立ち寄っていた。そのときには「会計はこれで」と釣り銭は受け取らずに毎回、1万円札を置いていくことが多かった。しばらくして自分と同じクラスの幹部の何人かが、「困りますよ」と言ってきた。

何だと思ったら、姐さんから「あの人は1万円を置いていくのに、あんたたちは値段通りにしか払わないの?」と嫌味を言われたという。「自分たちも寄るたびに1万円を置いていかねばならなくて、困ってしまって」ということだった。

別の組のことだが、姐さんが洋服店をやっているところがある。この組では幹部も若い衆も、必ず姐さんの店で服を買う。当然、ほかの店より値段は高い。それでも利用する。親分に気に入られることは必要だが、姐さんに気を遣うことも必要。組織の中で競争になる。

前出の指定暴力団幹部

姐さんが夜の街に出かけた後に、ほろ酔いの上機嫌で事務所に戻ってくる。すると、「車で送ってちょうだい」となることも少なくなかった。

組長が帰宅しないことが多くなると、姐さんの機嫌が悪くなる。

どこかの女のところにでも行っているのだろうと勘繰って、「あんた、ウチの人がどこにいるのか知っているなら教えてちょうだい」「本当は知っているのだろう？」などと問い詰められた。

ある組では本家で姐さんがネコを飼っていて、部屋住みの若い衆たちも面倒をみていたが、ネコをめぐって騒動が持ち上がったという。

前出の指定暴力団幹部

あるとき、姐さんが可愛がっていたネコがいなくなり、姐さんが、「私のネコはどうした?」と騒ぎはじめた。兄貴分が若い衆を動員して、「お前ら、姐さんのネコを捜せ!」と本家の建物の中を捜し回ったが、見つからなかった。そうしたら、若い衆が姐さんから「お前たち、何しているのだ」と責められていた。こんなことで叱られるとは、これはないだろうと、さすがにかわいそうだった。

首都圏で活動する指定暴力団のベテラン幹部

ある組織の話だが、姐さんが学会員で、選挙のたびに公明党の集会などがあると、「みんなで応援してあげて」と言われる。動員というわけではないが、若い衆は街頭演説や集会などがあれば聴衆として加わる。演説が終われば一生懸命に拍手して盛り上げる。当然、組員たちは公明党の候補者に投票することになる。

別の指定暴力団幹部

ヤクザの社会では女は旦那のやることには口をはさまず大人しくしているものとい

うイメージがあるかもしれないが、そうではない人もいる。映画『極道の妻たち』で岩下志麻が演じた主役のように、力を振るう姐さんもいる。ある組織では、若い衆に不始末があると、姐さんがすぐに「指を詰めて持ってこい」と言い出すという。この組では、親分も姐さんのこうした振る舞いを知っていたが、見て見ぬふりをしていた。

別の組織では、とにかく姐さんの若い衆たちのえり好みが激しく依怙贔屓《えこひいき》がひどかった。嫌われてしまうと、口もきいてくれない。特に不祥事や不始末を引き起こしたというわけでもないのに、姐さんが怖くて逃げ出して行方が分からなくなった若い衆は少なくなかった。

姐さんが少々、横柄な振る舞いをしていても、親分が健在であれば問題ないが、親分が亡くなると立場が揺らいでしまう。

若い衆に意地悪を続けてきたある組織の姐さんは、親分が死去した途端、「私はもう、あんたたちとは関係ない」と宣言して出ていってしまい、その後、連絡も取れなくなった。

一方で、若い衆に慕われていた姐さんもいた。

組織犯罪対策の担当が長いベテラン刑事

昔話になるが、業界ではそれなりの人物として知られ、実力、器量を兼ね備えた、人望あるヤクザの親分が亡くなった。この親分は先代から組を引き継いだときに、組は勢力が衰えかけていたが、かなり盛り返して組織を大きくした立て役者だった。

この組では、親分が亡くなった後も、組の幹部や若い衆が未亡人の姐さんの誕生日に集まったり、暮れや正月にあいさつに立ち寄ったりしていた。夫である組長という虎の威を借りるかなり横柄な姐さんも少なからずいるなか、これは珍しいケースだ。

警察の立場でこういう言い方はおかしいが、組長は人格者だったし、姐さんもしっかりした人だった。だから、若い衆は恩義に感じて、組長が亡くなった後も、いつまでも姐さんのことを気にかけていたのだろう。

警察社会も似たようなところがある。

地域によっては、署長や一部の署員らが警察署近くでの官舎住まいということもある。定年間際の署長をはじめ、同じ署に勤務している中堅や若手の警察官たちは仕事以外でも食事会やレクリエーションなどで家族も一緒ということがたまにはある。

仕事とはまったく別のそのような行事の際にもかかわらず、なぜか署長の奥さんまで偉そうにしていることがある。これには周囲からは疑問視されるし、不満も溜まる。しかし、署長が署員たちに慕われるような人格者だと、奥さんもまた腰が低くて人柄のいい人であることが多い。偶然なのか分からないが、不思議とそうなる。

第5章
刺青と指詰め

背中の刺青を誇示する組員
（Getty Images, Anadolu Agency）

ヤクザはなぜ苦痛に耐えて刺青を入れるのか

暴力団幹部の多くは背中に刺青を入れている。首都圏で活動している指定暴力団の幹部は、「カタギの社会にはこれで戻ることはない」という決意で刺青を入れたという。

首都圏で活動している指定暴力団の幹部

自分が背中に刺青を入れたのは20代の中ごろだった。ヤクザにとって刺青は、切り離せないほど重要。自分の体に「墨を入れる」ということは、それまでとは違う人生に進むということだ。

ヤクザの多くが刺青を入れている。背中全面から胸、両手首までと上半身ほぼすべてという者もいれば、腕だけなどいろいろだ。ただ、刺青を入れていない実力者として知られていた指定暴力団の大幹部がいたのも事実。ヤクザだろうが、サラリーマンだろうが、何か成果を挙げるのに必要なのは、その人物の器量だ。ヤクザの社会でも刺青があるかないかで何かを判断されるわけではない。

関西地方に拠点を構える指定暴力団の幹部

ヤクザになったばかりのころに、兄貴分が刺青を見せてくれた。これがカッコよかった。それで自分も刺青を入れた。

ヤクザになるということは、この業界の不条理を受け入れて我慢を背負っていくこと。そのケジメという意味でも刺青を入れた。近ごろはファッションになっていて、タトゥーと呼ばれて若者の間で流行しているようだが……。

暴力団に加入すると強制的に刺青を入れさせられるわけではなく、多くは自主的に入れている。ある指定暴力団幹部は、「若い衆が私の名前の刺青を入れてくれている。刑務所で風呂に入る際に、周囲から『あの人は、あそこの親分の若い衆か』と認識されることになる」と話す。

刺青は、針で肌を傷つけながら着色料で描いていくことになる。その過程は激痛を伴うようだ。

首都圏で活動している前出の幹部

刺青を入れるのはとにかく痛い。耐えられない限界の痛みの少し手前ぐらい。かなりの激痛だ。彫師に入れてもらうのは1回につき2時間から3時間くらいまでが限度。それを1週間に2日やるのが限界だ。人によっては、翌日に発熱して寝込んでしまうとか、腫れあがってしまうということもあると聞いている。この痛みに耐えることが「ヤクザになる」ということに繋がってくる。

刺青は、江戸時代には鳶職《とびしょく》や火消し、博徒などの間で流行した。デザインは竜や鯉、鬼、生まれ年の干支にちなんだもののほか、流行していた芝居の登場人物も人気があったという。

暴力団組員が好むデザインは、竜、鯉などさまざま。一般的には「和彫り」と呼ばれている。竜や鯉は「昇り竜」や「鯉の滝登り」などが出世のイメージに繋がることから人気がある。観音菩薩像や動植物などを彫ることもある。倶利迦羅紋紋《くりからもんもん》という俗称もある。

彫師のもとで、デザイン帳のようなものが提示されて選ぶこともあるという。若者に人気のタトゥーも、刺青と基本的に同じもので、針で肌に傷をつけて着色料を入れていく。

一般的にはファッションの一種で「洋彫り」と称される。アルファベットやローマ数字を並べたものや、動植物、幾何学模様などこちらもデザインはさまざまだ。

別の指定暴力団幹部

温泉やサウナなどの施設では、「暴力団員はお断り」「刺青のある方は入浴不可」と書かれた看板もよく見かけるが、最近は若者がファッション感覚でタトゥーを入れるため、おかげで彫師は結構な忙しさだ。祭りで神輿を担ぐ際にカッコよく見せたいという素人さんもいて、和彫りも人気があるらしい。

刺青は体への負担が大きい。刺青を入れると皮膚の機能が大きく低下し、内臓に負担がかかるとされる。親分クラスになると毎晩、朝まで酒を飲んでいるのが日常化するなどにより、病気がちだ。

警察当局の捜査幹部OB

かなり前のことだが、あるヤクザを逮捕したら背中の刺青が未完成だった。それで聞いてみたら、「最後まで入れたかったが、カネがなくて」と言い訳していた。恐らく痛みに耐えられなかったのではないか。「刺青を入れるときの激痛に耐えてこそヤクザ」と公言する者もいたが、そういうことだろう。

汚職町長はなぜ刺青を入れていたのか

事件の遺体の身元判明に刺青が貢献したこともある。

三代目山口組組長の田岡一雄が1978年7月に、京都市内のクラブ「ベラミ」でくつろいでいたところ、対立状態にあった松田組の組員、鳴海清が田岡に向けて拳銃を発砲する事件が発生した。

山口組の報復は素早く、しかも苛烈だった。

田岡を襲撃した鳴海は同年9月に神戸市内の六甲山の山中で遺体となって発見された。身元が判明しないよう、指紋は削り取られ歯も折られていた。殺害されたのが夏の高温の時期だったためか、遺体は腐乱が進み身元の特定は困難と見られていた。

ただ、背中の「天女」がデザインされた刺青の一部が判別できたため、鳴海の背中に刺青を入れた彫師が確認したことによって身元が判明した。現在ならDNA型鑑定などで遺体の身元を特定できるが、当時はそのような科学的な方法はなく、刺青が身元の判明に役立った。

警察当局幹部

ある暴力団組織同士のトラブルがあり、片方の組織の幹部が行方不明となった。このために対立するヤクザの幹部を取り調べたら、殺害を認め、山中に埋めたと自供した。供述に基づいて山中に分け入り埋めたとされた場所を掘り返した。遺体は全身の腐乱が進んでいたが、背中の刺青だけは柄まで分かるほどしっかりと残っていた。刺青の色素は腐らずにそのままの状態だった。

首都圏で活動している指定暴力団のある古参幹部は、「刑務所の風呂場はヤクザの刺青の展覧会のようになるときもある」という。刑務所で風呂に入れるのは、基本的に夏場は週に3回で冬は2回だ。

指定暴力団古参幹部

刑務所の風呂では当然、全員が全裸になる。服役しているヤクザも少なからずいる。背中全体に立派な刺青を入れているのもいれば、上半身の一部というのもいる。刺青はすぐに目に留まる。

ヤクザの業界では誰もが知るような大物組長が（刑務所に）入ってくるという噂が流れた。実際にその組長が来たために、風呂で見たら、刺青がなくきれいな背中をしていた。意外だったが、誰もが知る大物らしく、風格があった。やはり大物はそれなりの処遇を受ける。

刑務所内では古株のボス格から新入りまで自然と序列ができ上がってくる。ヤクザとはまったく関係のないカタギの人でも漂う風格があって、それなりの扱いを受けるということがある。すべては人物次第ということ。

汚職や選挙違反、詐欺などの知能犯の捜査を担当する刑事部捜査二課ＯＢが刺青をめぐる「特異な体験」について語る。

刑事部捜査二課ＯＢ

ある地方の町長について長期間、内偵捜査を続けて特定の業者に便宜を図った見返りに賄賂として現金を受け取っていたことが分かった。町長に任意同行を求め事情聴取の末、容疑が固まったため、この町長を収賄容疑で逮捕した。ところが、逮捕後の身体捜検で上半身の服を脱いでもらったところ、背中に立派な刺青が入っていた。これには当時の捜査員みんなが驚いた。びっくり仰天だった。

長年の捜査経験のなかで、後にも先にも逮捕した首長の背中に刺青が入っていたのはこの事件だけだ。本当に特異な体験だった。

「身体捜検」とは、逮捕後に容疑者の身体的な特徴を確認することである。容疑者に逮捕状を示し手錠をかけて、留置関係の手続きに移るが、容疑者の顔写真撮影、指紋採取などが行われた後に、服を脱がせて体の手術痕、傷などの特徴について確認するのだ。

長期間にわたって内偵捜査を続けていても、町長の背中の刺青までは気付けなかった。元ヤクザが町長になっていたという顚末《てんまつ》だった。

刑務所内にもヤクザの「序列」はあるのか

刑務所ではどのような日常をすごしているのか。

服役経験がある指定暴力団古参幹部

トラブルになっていた組織の連中とケンカになり、傷害事件などで数回にわたって刑務所に入った。通算すると10年以上は服役の経験がある。警察に逮捕されると留置所暮らしとなる。検察が起訴して捜査がほぼ終了すると拘置所に送られる。ここではまず全裸になってケツの穴まで調べられる。裁判所に出廷して刑が確定すると刑務所だ。ヤクザだから特別ということはあまりないが、刑務所内ではやはりヤクザということで受刑者の間ではそれなりの扱いをされる。

刑務所内では、朝は午前7時前に起床し朝食を取り8時から刑務作業となる。10時から15分ほど休憩があり12時から昼食。午後1時から再び作業で、午前と同様に休憩をはさみ5時に終了し夕食。その後は毎日ではないが風呂や自由時間などがある。午後９時には消灯となり就寝となるのが基本的な生活パターンだ。

刑務作業には作業報奨金が支払われることになっているが、月に３０００円程度だった。

自分は金属加工の仕事をやってナベなどを作っていた。簡単な作業だが、真面目にお勤めしていた。しかし、夜はさすがに９時には寝られないから困った。

自分の場合は事件を起こして逮捕され、一審判決で実刑が出た後に控訴しなかった。量刑が納得できるかどうかは別として、これを受け入れる。裁判所にも検察庁にもこれ以上は迷惑をかけない。裁判所で言われたとおりに服役する。

別の指定暴力団幹部

一審で結論が出たら従う。控訴はしない。

ヤクザになって社会に迷惑をかけるかもしれない存在だから、警察に逮捕されて裁判所で結論が出たらそれに従う。控訴していつまでもぐずぐずしているより潔く服役するのがお勤めだ。それが渡世人というもの。ヤクザはムショ暮らしと背中合わせ。服役もヤクザとしての仕事の一環のようなものだ。

刑が確定した受刑者を刑務所に割り振るにあたって、犯罪傾向の進度が進んでいない者は「A級」、進んでいる者は「B級」と区分けされる。暴力団構成員は当然のようにB級に分類される。さらに、刑期が10年以上は通称でロングと呼ばれ、長期受刑者が多い刑務所に収容される。

B級を主に収容している刑務所は東京の府中や大阪、神戸、広島、福岡など大都市にある。恐喝事件で逮捕されて有罪判決が確定した六代目山口組の髙山清司若頭が服役していたのも府中刑務所だった。

２０１９年10月に出所した際には、六代目山口組と神戸山口組が分裂し対立抗争の真っ最中の時期だったこともあり、新聞やテレビで大きなニュースとして報道された。B級を収容している刑務所では、受刑者の半分以上が暴力団関係者ということもあるという。

暴力団の対立抗争事件などが起きている場合は、対立する組織の組員同士が刑務所内で鉢合わせすれば、その場でケンカになりかねない。こうした事故が起きないよう刑務所で事前調査が行われる。

刑務所内の部屋は12畳の雑居房に6人が基本だが、受刑者が多くなると7～8人が詰め込まれる。

前出の指定暴力団古参幹部

部屋の中では、古くからいる先輩格から、入ってきたばかりの新入りまでさまざまだ。部屋の中で布団を敷いて寝る際には、一番奥はボス格。奥から順番に先輩から後輩へとなり、入り口に近いところは新入りといった序列になる。

刑務所では基本的に病気治療は無料だ。歯の治療はすべて無料でやってもらった。だが、病気は禁物だ。刑務所の中で病気になったら危ない。医者は常駐ではなく巡回なので具合が少々悪くても医者が来るのを待たなければならない。同じ部屋で「具合が悪い」と言い出した者がいた。朝、起きると熱があったようだ。その後、運ばれていったが、帰ってこなかった。後に死んだと聞いた。

読書好きの親分が獄中で読む本とは

刑務所の自由時間では読書が最高の娯楽と話す暴力団幹部もいる。

読書を好む幹部の間では歴史もの、特に戦国武将を描いた作品が人気だ。なかでも、戦国時代最強とされた組織を編成した武田信玄の関連作品が好まれる傾向があるという。

指定暴力団幹部

戦国武将ものが好まれるのは自らの組織をさらに強固にするためだろう。合戦で勝った、負けたという面白さもあるが、組織論という読み方をすれば役に立つ。

消灯時間が過ぎても寝床で本を抱えて、常夜灯を頼りに読んでいた。刑務官に見つかれば怒られることになるが……。

関西地方に拠点がある別の指定暴力団幹部

刑務所の中ではよく読書を楽しんだ。就寝時間となっても隠れて読んでいた。長年の付き合いのある知人たちがいくらでも本を差し入れてくれた。組織としての差し入れも多かった。

自分の場合は『三国志』が好きだ。

蜀の国の劉備、関羽、張飛の三人が、乱れた世の平定を志して義兄弟の契りを交わし、生死をともにすることを誓い合った、「桃園の誓い」の名場面が特に好きだ。ヤクザになって親分と交わす親子盃や、兄弟分となる際の兄弟盃など、組織の中で血縁関係を結ぶ我々のマインドとぴったりとくる。

差し入れは組織の面倒見の良さを知らしめる意味合いもあるようだ。なかには服役中に簿記の勉強に取り組んで、出所後に資格を取得した暴力団幹部もいるという。

首都圏を中心に活動している指定暴力団幹部

刑務所の中は日々、起床から就寝まで刑務作業、食事、休憩など、何もかも規則正しい生活となる。ただ単調な生活の繰り返し。白黒の世界にいるようなもの。出所すると突然にフルカラーの世界に放り込まれるような感じで環境が突然、大きく変化する。

出所の際には、仲間が車で迎えに来てくれた。乗り込んでいきなり時速50～60キロで走り出したら、車窓の景色の流れに目が追い付いていかず車酔いになってしまった。

それまで車酔いなど経験したことがなかったのに、目の焦点がまったく合わなかった。刑務所の中では、作業場まで向かうにしても、どこへ行くにも移動はすべて徒歩で、時速4〜5キロ。突然の変化に付いていけないのは当然だと思った。

出所してからのことだが、困ったことに気が付いた。刑務所の中では移動の際には、刑務官の「イッチ、ニー」との連呼に合わせて列を乱すことがないようにして歩くことになる。列の前の人の手足の動きに合わせて、「右、左、右、左」と足の動きを合わせて歩く。このため晴れて出所して自由の身となっても、街中を歩く際に、ついつい無意識に前を歩く人の足の動きに「右、左」と合わせてしまうことに気付いた。列を乱さないようにしてついつい付いていってしまう。これには本当に困った。

このような習慣が抜けきらないことを「ムショボケ」と業界では言われている。

刑務作業中は仕事に集中して取り組むことが求められ、私語は厳禁。刑務所の作業場では作業中に席を離れるときには右手を上げて刑務官に大きな声で、「離席をお願いします」と伝える。

トイレの場合には、担当者の前まで行って、「用便をお願いします」と申し出る。

別の指定暴力団幹部

刑務所から出てきたばかりの若い衆が、街中で「便所に行きたい」と言い出して、近くのコンビニのトイレを借りることになった。カウンターの中のレジの前にいた店員さんに向かって、右手を上げて「用便、お願いします」と言い出した。店員さんは何のことか分からず、キョトンとしていた。「便所を貸してください」と言い直したら、「おトイレですね。こちらです」と案内してもらった。この様子がおかしく笑い話になった。

前出の指定暴力団の幹部

刑務所に入ってしまうと、時代の流れや動きがその場で止まる。5年間いれば5年間は空白。10年、20年となると空白期間は長い。ムショボケというよりは浦島太郎だ。

長く刑務所にいればいるほど、出所後にまず戸惑うのが電話、電車などだ。電話にしてもその昔は卓上電話か、公衆電話に10円玉を入れて使っていた。その後はテレフォンカードになった。それが、携帯電話が出回り公衆電話が減っていった。

電車に乗るにも、切符を買って改札で駅員に鋏を入れてもらっていた時代もあったが、いまでは、ＳｕｉｃａやＰＡＳＭＯなどのＩＣカードを使って自動改札を通過する。長く刑務所にいた人間には付いていけない。

刑務所の中でもテレビを観ることはできるので情報としては知っているかもしれないが、実際に使うとなるとまた別の問題のようだ。

ガラケーの時代は終わり、いまはスマホだ。通話だけでなくメールやＬＩＮＥで連絡を取り合う。使ったことがなければ戸惑うだろうし、ましてやアプリを使うのは刑務所から出てきたばかりでは無理な話。

買い物や食事でＱＲコード決済、ポイント還元などまったくチンプンカンプンだろう。パソコンも同じだ。２０００年ごろからパソコンは普及しはじめていたが、そのころ刑務所に行って最近出てきたら、驚きだろう。どのように使ってよいのか戸惑うはずだ。

「仮盃」と「本盃」の違いとは

暴力団に加入するにあたっては、親分と親子盃を交わす。

関西地方に拠点を置く指定暴力団幹部

親分に自分の命を預ける「親子盃」を交わすとなると、紋付き袴の正装で儀式に則って盛大にお披露目するというのが映画などで描かれているため、一般の人たちはこうしたイメージを持つかもしれない。しかし、このような仰々しい儀式を行うのは組織の最高幹部クラス。傘下組織のなかには、飲食店などで簡単に仮盃を交わして済ますということも多い。

有望な若い衆がいて、なるべく早く組織に加入させたいというときなどは、ほかの組織に行かないように唾をつけておく。これは「仮盃」と呼ばれる。後に時期を見て正式に本盃ということになるが、どこでも紋付き袴でということはない。

盃を受けて子分になることは暴力団社会の理不尽さを受け入れるということでもあるようだ。

前出の指定暴力団幹部

盃を受けるということは、同時に不条理を呑み込むということだ。

親分が白いものを「黒」と言ったら、それに従うというのがまさにそれだ。この親分に付いていくと決めたなら、子分として尽くす。親分が殺されるようなことがあれば敵討ちに行く。相手が誰であろうが、その相手のことをまったく知らなくとも行かねばならない。親分がやられたという以外は、個人的な怨恨など何もなくてもだ。

一般社会にはまったく理解できないだろうが、組のため、親分のためとなる。こうした不条理を納得するということだ。親分から盃をもらって組織の「若い衆」になるということは、組のため、親分のために尽くすということ。ケンカがあれば行かねばならないし、そうなれば、長期間の懲役になることも覚悟しなければならない。

この幹部が言うように「不条理を呑み込むこと」「親分の指示は絶対」という考えは、ヤクザ社会の根本にある論理だ。これを崩したら、組織として立ち行かなくなるもっとも重要な基盤と言ってもいい。しかし、六代目山口組の分裂騒動では、神戸山口組側が六代目山口組幹部の「不条理」を告発し、親分に逆らって組織を割った。

ヤクザ社会の中核となる論理も、あっさり踏みにじられることがあるということだ。六代目山口組の分裂騒動でも盃関係が問題視された。組織を離脱して神戸山口組を結成した山健組の井上邦雄組長らは、六代目山口組の司忍組長と親子盃を交わしていたが、その盃を蹴って離脱に踏み切った。

前出の指定暴力団幹部

神戸山口組を結成した人たちは、六代目山口組の組長の盃をもらっているわけで、組織の上では「子分」にあたる。それで出て行ってしまったから、親子の縁を蔑ろにする「逆縁」であり、盃を突き返す「逆盃」ということになる。ヤクザの論理からすると許されないことだ。ヤクザは元々、実の親の言うことも聞かずに家を出ていってしまうような連中だが、盃をもらうと組織の規律には従う。それができなければヤクザではない。

超異例の「二度の絶縁処分」はなぜ起きたか

六代目山口組は、神戸山口組を結成した山健組の井上組長、宅見組の入江禎組長、俠友会の寺岡修会長ら中心メンバー5人を絶縁処分とした。絶縁とは暴力団業界からの永久追放を意味し復帰は決して認められない。

通常、絶縁処分が出されたら、暴力団業界では「絶縁状」と題した書面を業界に回覧する。絶縁処分となった人物と交流を持つことは、処分を出した組織に「敵対の意思あり」と見なされるため、注意喚起の意味もあるとされる。

しかしその後、2022年8月に俠友会が神戸山口組から離脱した。

山口組分裂後の対立抗争勃発から7年を経て、神戸山口組は構成員数で六代目山口組との間で圧倒的な差が開いていたため、俠友会の寺岡会長は事態収拾のために動いていた。他の組織の実力者らを交え井上組長の引退と組織の解散を条件に事態を収束させようとしたが、井上組長には引退の意思がまったくなかったため、寺岡会長は神戸山口組から離脱することを決断したのだ。

それによって神戸山口組は寺岡会長を絶縁処分とした。寺岡会長は六代目山口組から絶縁処分を受けており、絶縁は二度目となった。

首都圏で活動している指定暴力団の古参幹部

この業界で二度も絶縁になるとは聞いたことがない。

絶縁とはヤクザ社会での行動を許されないことを意味する。本来一度でも絶縁になれば、ほかの組織の盃を受けて再びヤクザになることはできない。

最近では神戸山口組からの離脱者が相次ぎ六代目山口組に加入するケースが増加している。

近年、暴力団構成員そのものは減少傾向にあるが、警察当局が六代目山口組の分裂当初に考えていた「双方の弱体化」という思惑通りには進んでいないのが実態だ。

最近は、反社会的勢力排除の社会情勢から、「親子盃」を交わすための会場を外部で貸してくれる店や施設が少ない。

そのため、大きめの広間がある暴力団関連施設などで行うことが多い。

別の指定暴力団幹部

組織によって違いがあるだろうが、親分から盃をおろされてヤクザになりましたとなると、世間では実の親子とは縁を切ることになると思われるだろうが、そうではない。血の繋がった実の親や家族は、自分の実の親であり実の家族だ。まったく付き合わないとか、絶縁するわけではない。自分の場合はかつて実の親が死んだとき、多くの組の幹部たちが香典を包んで葬式に来てくれた。もう何年も前のことだが。

自分も含めた若い衆が何人かで同時に親分から盃をもらった。実際に酒を酌み交わすということもやった。盃を交わすのは、実の親と縁を切るということよりも、親分の組織に正式に加入するという決意表明のようなもの。当時の盃は自宅の神棚に大切に飾っている。

「親子盃」は他人であった親分と「擬似血縁関係」「擬似親子関係」を結ぶことだが、暴力団業界には実の親子ともにヤクザになるというケースも多い。

もっとも有名なのは稲川会を創設した稲川聖城《せいじょう》（１９１４〜２００７年）とその息子、裕紘《ゆうこう》（１９４０〜２００５年）の例だ。

裕紘は聖城が結成した稲川会の三代目会長として後を継いだが、裕紘は父親の聖城よりも先に病死してしまった。

２０１９年11月に射殺された神戸山口組三代目古川組元総裁・古川恵一も初代古川組組長・古川雅章の実子だった。

かつての格下が「兄貴分」になったらどうするのか

一般企業と同様に、暴力団の世界でも時間が経つにつれてかつての序列が逆転することがある。その場合、ヤクザはどのように対処するのか。

指定暴力団幹部
たとえば、自分の「兄弟分」にあたる幹部がいて、親分として組織を持っていたとする。自分にとってその幹部の子分は、兄弟分の子だから「甥っ子」にあたる。だから、その甥っ子に「おいタバコ買ってこい」と言いつけると甥っ子は「分かりました」とすぐに店に走らなくてはならない、といった関係になる。

しかし、兄弟分の幹部が引退したり亡くなったりして、その甥っ子が後を継ぐこともある。そうなると、カンメ（キャリア）の違いはあれども自分と同格の組長となる。さらに、その上の組織の組長の後を継ぐようなことがあれば、自分が「甥っ子」となり、相手を「おじさん」と呼ばなければならない。今度は逆に、甥っ子だったはずの相手から「タバコを買ってこい」と言われれば「分かりました」と返事をしなければならない。こうした不条理もある。

序列が逆転する事態は「よくあること」とまでは言わないが、たまにはある。ヤクザである以上は、このようなことがあっても受け入れなければならない。自分の組織内でも、年下の若い衆が組長となるようなことになれば、この瞬間から、それまでは若い衆だった者を「兄貴」と呼ばなければならない。場合によっては「親分」と呼ぶようになることもある。因果なことだ。

子分としては、親分に付き従うことは当然のこと。しかし、親分が言い出したことにどうしても納得できない、もしくは間違っているということがあれば、自分なりの意見を述べるということはある。自分が正しいと思って意見してても聞いてもらえなかったら、自分から身を引く。盃を返して、きっぱり足を洗って辞めるということがあってしかるべきだ。

「部屋住み」で覚える行儀作法とは

第4章の姐さんの項でも触れたが、暴力団の組員は、まず親分の事務所兼自宅などに住み込みで行儀見習いをする「部屋住み」という修業を重ねることが慣例とされている（全員ではないが）。

首都圏で活動する指定暴力団の古参幹部

若いころは事務所を兼ねた組長の自宅の「住み込み」として何でもやった。早朝に起きてまずは朝食の用意。飯を炊いてみそ汁、おかずなど調理は何でも覚えた。洗濯や掃除なども手際よくこなしていた。電話番は当然のこと。ベルが鳴ったら即座に受話器を上げて応答する。昼飯に店屋物となれば出前の注文もする。

親分のもとにお客さんが来れば、お茶やおしぼりを用意する。お茶のおかわりなどがあれば、すぐに対応できるように近くで待機していた。タバコを吸うお客さんだったら、灰皿はこまめに交換する。

親分が出かける際には運転して、相手の会社や事務所などへ送り届ける。当然、その後は待機する。散髪などのときは車で送るだけでなく、親分が車を降りた後には店の内外で、複数人で警戒してボディーガード役もする。

部屋住みを卒業すれば、一本立ちとして認められるという。

前出の古参幹部

何かと仕事は多かったが、事務所にいる限りメシには困らなかったし、お使いを言いつけられれば小遣いをもらえた。昔は組として競馬や競輪でノミ行為をやってシノギとしていたから、土曜、日曜も早朝から仕事だった。とにかく事務所から出られなかった。

部屋住みを終えてしばらくすると、繁華街のスナックの面倒を見るなどの仕事を任されるようになった。そこから始めて、自分の組を持って事務所を構え、盃を交わした十数人の若い衆を抱えるようにまでなった。ケンカとなれば若い衆のほか、その周辺の数十人を集めることができるようになっていた。

暴力団犯罪の捜査を長年担当した警察当局幹部OB

現役の刑事だったころ、情報収集や動向監視のためにヤクザの事務所を定期的に訪ねていた。ある事務所では、まず玄関に入って靴を脱ぐ際に、部屋住みの若い衆が後ろから片膝をついて脱ぎやすいように靴のかかとをさっと押さえてくれた。脱いだ後は当然、若い衆がすぐに靴を揃える。

応接室に通されソファーに腰を落ち着けると、若い衆が手際よくおしぼりとお茶を出してくる。組長との話が始まると、組長の近くに立ってじっと双方の動きを見ている。お茶を飲み干したら当然、すぐにおかわりが出てくる。

こちらがタバコを吸って灰皿で消すと、さっと新しい灰皿と交換する。ヤクザの事務所では1本でも吸い殻が残ったままという灰皿はない。組長がタバコをくわえたらすかさず若い衆が横からライターで火をつける。ヤクザ映画のシーンそのものだ。

この捜査幹部ＯＢはかつて、用事を済ませ暴力団事務所を立ち去る際に「左右の靴がずれて置いてある」珍しい体験もした。

前出の捜査幹部ＯＢ

玄関で靴を履こうとすると、右足の靴に対して、左の靴が肩幅と同じぐらいの間隔が空けられていて、さらに半歩ほど前に置いてあった。斜め上の位置に左足用が置いてあると、右の靴に足を入れた後によろめかずに左足の靴も履ける。なるほどと思った。当然、靴ベラは若い衆が手際よく用意してくれる。

しっかりした親分がいると若い衆も動きがいいものだ。そこまでやるような規律がしっかりした事務所は勢いがある。警察ＯＢとしてこのようなことを言うのはおかしな話だが、こういう組織は業界の中でも伸びていく。ある組長に「若い衆の教育はどうしているのか」と聞いたことがあるが、「特に教育のようなことは何もしていない。親分である自分や先輩である兄貴分の動きを見て、自分で学んでいるのだろう」との回答だった。

近年は若手がこの部屋住みや暴力団特有の規律などを嫌う傾向にあるが、古参幹部は親分の近くで身の回りの世話を焼くことのメリットを説く。

指定暴力団幹部

入社したばかりの若いサラリーマンが、能力が優れていて人柄の良い上司に恵まれれば、仕事を早く覚えられるし伸びる。我々も同じ。カタギにも顔が広くて、シノギがしっかりしている親分の若い衆になったら、それは幸運なことだ。

若いときに親分の運転手などをやっていれば、同業者だけでなく、金融関係、不動産会社など事業をやっているカタギの旦那さんたちも含めて、どのような人たちとどんな付き合いをしているのか間近で見ることができる。ここから学べることは多い。

たとえば縄張りとしている繁華街の飲食店などからのみかじめ料などをシノギにしている者がいて、上部へと出世したとするとこの縄張りを後継者の若い衆に任せるということはある。うまく引き継いだ若い衆はさらに未開拓の飲食店などに話をつけて交流の幅を広げられる。そこは器量次第。

とにかく家に閉じこもっているようなヤクザは失格。外に出て行って人と会わないと始まらない。いかに積極的に外に出て活動しつづけられるかということだ。

「指詰め」は実際どのくらい痛いのか

暴力団社会では不祥事や不始末があった際のケジメとして「指詰め」が行われることがある。自ら手の指を切断することで、謝罪の意や誠意を示す。かつては組織を脱退する際にも行われていた。暴力団幹部らは「ヤクザの社会での伝統的なケジメ」と口を揃える。

指定暴力団幹部

自分が指を詰めたのは10代後半のまだ若いころだ。指を詰めた日は、夕方あたりから心臓の鼓動に合わせて指先が「ズキン、ズキン」と痛み、3日間ほどは本当に痛かった。

関東地方のある組織に志願して入門し事務所に出入りするようになったが、「部屋住み」と呼ばれる住み込みでの行儀見習いが身につく前に、事情があって離れることになった。わずかな期間だったので、申し訳ないという気持ちから指を詰めることにした。

自分で包丁を右手で持って左手の小指に当て、親しい友人に包丁の上部にハンマーを振り下ろしてもらった。痛みはあったが、一発でスパッと切れた。すぐに病院で治療してもらい、麻酔が効いてくると痛みはさほどでもなかった。

病院ではまず切断した指の先端の骨を削ったうえで、縫い合わせた。当初は麻酔が効いていたが、切れてくると痛みが続いた。事務所を訪ね切断した指を親分に手渡して詫びた。

自ら志願しておきながら短期間で抜けたことが指を詰めて詫びを入れるほどの不祥事かどうかは不明だが……。親分に気持ちを伝える目的もあったが、やはりヤクザをやっていくには指を詰めていたほうがカッコいいという考えや、指を詰めていることへの憧れという気持ちもあった。いまからすると、若気の至りかもしれないが。

この幹部は、その後、違う指定暴力団の二次団体の組長の盃を受けて組織に入り、首都圏各地で活動を続けている。

別の指定暴力団幹部

指を詰めることは、不祥事、不始末があった際のヤクザのケジメ。ヤクザは「すみませんでした」の一言では済まない。

あるヤクザがミスをして1000万円の穴をあけてしまい、幹部から「どうするんだ。責任を取れ」と追及される事態になったとする。このご時世、1000万円を作れと言われても、そう簡単には作れない。そうなると「それで済むなら」と指を詰めることになる。

「指詰めヤクザ」を警察はどう見ているのか

警察当局の捜査幹部OB

かなり昔の話だが、東京のある組で、若い衆が下手を打ったことが原因でカネをめぐって大問題が発覚した。この若い衆が殺されてもおかしくないほどの大きなトラブルだったようだ。

この組の親分が若い衆を呼び出して「どうなっているんだ」と詰問した。「責任を取れ。すぐにケジメをつけろ」と迫ったところ、若い衆はその場で自分の左手の小指の先端に嚙みついて歯で食いちぎってしまったという。これには親分も参ったらしい。

最近は変わってきているが、昔は「その程度の不始末で詰めるのか」というぐらいに、問題があると何でもすぐに指を切っていた。だから、指が何本もないヤクザは結構いる。

暴力団対策法には、指詰めを禁ずる規定がある。違反行為には中止命令が出され、それでも是正されなければ再発防止命令となる。

福岡の道仁会系暴力団では、次のような事例があった。

31歳の組員が「組を辞めて、まじめにカタギになって仕事をしたい」と申し出た。これに対し同会幹部は、「そんな理由で辞められると思うなよ。辞めたいのなら、指の１本でも持ってこい」と指を詰めることを強要し、脱退を妨害したとして２０１３年11月、中止命令を受けた。

さらに2014年8月にも別の28歳の組員の脱退を妨害し、指詰めを強要していたため、福岡県公安委員会が2015年3月、再発防止命令を出した。

2016年5月には、富山県警が山口組系暴力団幹部ら4人を傷害と監禁容疑で逮捕している。

組員の男性が、六代目山口組から分派した神戸山口組に合流しようとしたことに怒り、組幹部らがこの男性を拉致した。車に乗せて連れまわした挙げ句、富山市内の山中で暴行し男性の指を切断する重傷を負わせた。

2014年1月にも同様の事件で逮捕者が出ている。組を抜けようとした27歳の男性を車で拉致して名古屋市内の事務所に連れて行き、男性の左手の小指をノミとハンマーを使って切断したとして、山口組系幹部らが傷害容疑で逮捕された。

自ら指詰めして逃走した組長の思惑とは

ささいなことで指詰めさせられた事件もあった。

山口組系の会長が、上部組織の事務所の掃除や電話番など、いわゆる「事務所当番」を組員の男性に言いつけていたにもかかわらず、男性がサボったことに激怒。男性にノミとハンマーを手渡して自ら左手小指を切断させたとして2008年5月、強要容疑で兵庫県警に逮捕された。

遅刻で指詰めを強要されたケースもある。山口組系組長は、組員だった男性に大阪府内のスナックに車で迎えに来るよう命じていたが、到着が遅れたことに立腹し、事務所で「ケジメとして指を落として辞めろ」と脅して左手小指を切断させた。この組長は2013年2月、強要容疑で逮捕されている。

数年前に引退した関西地方で活動していた指定暴力団元幹部

昔は、組を抜けるとなると指詰めは当然のように行われていた。ただ、その後のカタギとしての生活に大きな支障をきたすと認められた場合は、手の指を落とすことは免除された。その代わりに、右足の親指を切断していたという話を聞いたことがある。

1995年9月、東京の暴力団組長らが、所属していた上部組織から身代金として50

00万円をだまし取ろうと自作自演の誘拐事件を計画。共犯者の組員に「組長が誘拐された」と上部組織の本部に電話させて現金を用意させようとした。

事件を起こすにあたって、組長は自らの小指を切断していた。切断された指を上部組織に示して、誘拐されたと信用させることが目的だったと見られる。

実際に拉致されたと判断した警視庁が捜査を始めたため組長らは計画を断念して逃走していた。誘拐偽装の際に、事情を知らない女性を監禁していたことも判明し、組長らは2ヵ月後に監禁致傷容疑で逮捕された。

1995年はすでにバブルが崩壊し、暴力団対策法が施行されたばかりで、シノギに対する規制が強化された時期だ。自らの指を詰めることでカネを得ようとした苦肉の策の誘拐偽装だった。

捜査幹部OB

そもそもヤクザは何かしらの被害に遭っても警察には届け出ないものだ。しかし、暴力団対策法が施行されてしばらくすると、「ヤクザを辞めたい」という組員が多くなってきた。抜け出す際に指詰めなどの制裁にあう恐れがあったため、警察に相談に駆け込むケースも増えた。暴対法施行後は、指詰めを事件として摘発することが結構あった。

さらに2011年までに全国で整備された暴力団排除条例の施行の効果が大きく影響している。暴対法のうえに暴力団排除条例で、収入を確保できなくなってきただけでない。スマートフォンを持てない、銀行口座を開設できないなど経済活動から排除されたため、ヤクザはさらに苦しくなった。それで「辞めたい」となって、指詰めなどの事件の摘発が増えているのだろう。

なぜ総会屋も指詰めしたのか

暴力団と同様に反社会的勢力の一員として警察当局から捜査対象とされてきた「総会屋」の一部にも同じように指を詰める慣例があった。

国内最大の総会屋グループ「論談同友会」は最盛期には40人以上の勢力を保っていた。

論談同友会の元中堅幹部

ある晩に自宅にいたところ、論談（同友会）の先輩から電話があって、「すぐに自宅に来てくれ」ということだった。駆け付けると居間に通されて、「会長に詫びを入れなければならなくなった。いまから指を詰めるから見届けてくれ」とのことだった。

「指を詰めるまでの不始末ではないのではないか」と思いとどまるよう説得したが、「どうしても指を詰める」と言って聞き入れてもらえなかった。

その後、先輩は出刃包丁と直径30センチ以上はある円型の大きなガラス製灰皿を持ち出してきた。テーブルの上に置いた左手の指の先端に、右手で持った出刃包丁を当てた。

そこで、「灰皿で上から包丁を叩け」と指示された。仕方なく叩いたが、なかなか指を切断できない。「もっとやれ」と強く言われ、何度もやったがダメだった。しばらくすると、ガラス製の灰皿をたたきつける大きな音に気付いた奥さんが出てきて、「何しているの。止めて！」と叫んだが、「続けろ」と先輩に言われたので仕方なくやった。

何度目かでようやく指が切り離された。この人は総会屋になる前はヤクザをやっていた。だからトラブルがあれば指を切るのは当然と考えていた。だが、自分としてはいまでも思い出したくない出来事だ。

論談同友会が組織で管理していた製薬会社の大量の株を、ある幹部が勝手に売却して行方が分からなくなった。同会はメンバーを動員して持ち逃げした幹部の行方を追ったという出来事があった。

前出の元中堅幹部

論談の会員が多人数で次々と関係先を当たった。（逃げた幹部が交際していた）女の家の近くで張り込んでいたところ、男が姿を現したため取り押さえた。その結果、何らかの罰を与えることになった。

このとき行われた制裁は、右手の人差し指を根元から切断するということだった。指を詰めた後、この中堅幹部は再び行方が分からなくなった。

ほとんどの総会屋は当時、「我々はヤクザではない」と主張していたが、論談同友会は住吉会の有力二次団体と友好関係にあった。広島県出身の正木龍樹会長は若いころ、地元の暴力団に所属していた。背中には刺青を入れていただけでなく、当時の不始末から両手の小指の先端を切断していた。正木のほか刺青を入れていた幹部も多く、暴力団的な気風が色濃かった。

指詰めは「過去の遺物」になるのか

暴力団組長の自宅に切断された指がホルマリン漬けとなった瓶が保管されていたことがあったという。

警察当局の捜査幹部OB

ヤクザの社会で、不始末があって指詰めをするのは、切断した指を謝罪する相手に持参して「見てもらう」ということも重要だからだ。

ある事件があって、首都圏に拠点を構える指定暴力団の事務所や組長宅にガサに入った。証拠品の押収を進めていたところ、室内からホルマリン漬けとなった切断された瓶詰めの指が多数見つかった。不始末をしでかした若い衆たちが親分に差し出したものということは容易に察しがついた。

これは事件にできると考えて、瓶詰めの指を押収し、ひとつずつ取り出して指紋を採取した。指紋を照合していき、元々の指の持ち主を割り出したところ、ほぼすべてが子分のものと判明した。

指を詰めろと無理強いした強要容疑や、体を押さえつけて指を切り落とした傷害容疑などで親分を逮捕した。いくつかは起訴にまでは至らなかったが、どういった事情で指を詰めたのか取り調べで話をさせた。さらに、ヤクザとしての活動歴についても調書にまとめた。そうした点では意味があった。

この捜査の後、この組織では指を瓶詰めし保管しておくことはなくなったという。系列のほかの組織でも、瓶詰めの指を保管しないように連絡が行き渡ったようで、このような事件はその後、起きなくなった。

指定暴力団幹部

最近は不始末があっても、指を詰めることは少ない。頭を丸めて「坊主にしましたので勘弁してください」という程度のことが多い。「最近の若い衆は……」などと言うつもりはないが、昔は「その程度で?」というような理由で指を詰めていた。指が何本もないヤクザも珍しくなかった。そもそも若い衆には指詰めをさせないという暴力団組長もいる。

自分の指はすべて揃っているし、若い衆に不始末があっても「指を落とせ」と言うことはまずない。若い衆に不始末があった場合は違う方法でケジメをつけさせる。

指がない親分の場合は、若い衆に不祥事があったときは何でも、「指を詰めて持ってこい」となることが多い。指を落としてケジメをつけてきた親分は、指を落とすことが当然と考えている。こうした親分の組織では、若い衆も指を落としている者が多い。自分の場合は、もし若い衆から「お詫びとして指を落として持っていきます」と言われても、「結構だ。迷惑だからやめてくれ」ということになるだろう。指を落としたりしてもカタギとのシノギなどで何の役にも立たない。

第6章 マル暴デカのプライド

組事務所を捜索する警察官（撮影＝眞弓準）

伝統の「捜査四課」はいまどうなっているのか

警察組織には通称「マル暴」と呼ばれる、暴力団による犯罪を専門に捜査する刑事たちがいる。

それでは、なぜマル暴と呼ばれるようになったのか。

そもそも警察組織では、「被疑者」(一般的な報道での呼称は容疑者)については、「マル被」といった隠語が使われるなど、用語の前に「マル」を付けて簡略化する慣例がある。「被害者」は「マル害」、事件の容疑者や参考人、関係者ら「捜査対象者」は「マル対」、「変死体」は「マル変」となり、電話については「マル電」などとさまざまだ。

多くの警察幹部によると、当初はマル暴とは暴力団組員そのものを意味する隠語だった。次第にマル暴を捜査する刑事を「マル暴刑事」「マル暴捜査員」などと呼ぶようになり、さらに簡略化されて暴力団の犯罪を捜査する刑事や捜査員を指す隠語として転用されてきた。

全国の警察本部によって組織形態が異なるが、マル暴が所属するのは、多くは「四課」

という部署だ。警視庁にはかつて組織犯罪対策部内に「組織犯罪対策第四課」という部署があり、暴力団による犯罪すべてを捜査の対象にしていた。略して組対四課「ソタイヨンカ」と呼ばれている。

その前身は、警視庁刑事部内に1958年に創設された「捜査第四課」である。刑事部内の組織再編で、暴力団犯罪を専門に捜査する部署として設置された。

その後、暴力団だけでなく「組織的に犯罪を引き起こす集団」を専門に捜査する部署を新設することになり、2003年、警視庁内に組織犯罪対策部が設置された。この際に刑事部捜査四課などが組対部組対三課、四課に再編された。

警視庁に組対部が新設される際に、現場の刑事たちから『捜査四課』という名称が残せないなら、せめて『四課』の名前は残してほしい」という要望が多く、組対四課となった。

現在は組織改編で組対三課、四課が統合され「暴力団対策課」に名称が変更されている。警察社会と暴力団業界の双方で「四課」のほうが現在でも通りがいい。ここでは四課で記述を進める。

刑事部門の事件捜査における警察組織内の担当は、刑事部の捜査一課が殺人や強盗、放火などの強行犯、捜査二課は汚職や選挙違反、詐欺、横領などの知能犯、捜査三課は盗犯、つまり泥棒を専門に捜査する。

捜査一課や二課、三課が担当する事件は罪名で分かれているが、四課の捜査対象は罪名で定義されていない。

警視庁組対四課捜査幹部ＯＢ

組対四課は、ヤクザがやった事件であれば何でも捜査対象とするところが、ほかの捜査部門とは大きく違う。対立抗争などで敵対する相手を殺害した事件が起きれば当然、捜査する。

ヤクザが詐欺をやれば捕まえる。ヤクザが泥棒をやれば捕まえる。そのほか、不動産取引、金融関係などの経済事案でもヤクザが関与していれば捜査する。グレーゾーンの人物がいてバックにヤクザが見え隠れしているとなれば当然、捜査対象となる。要するにヤクザが関係していれば何でも（事件として）やるということだ。

殺人、傷害、暴行、恐喝、違法薬物の密売などヤクザの典型的な事件もあれば、企業を舞台にしたカネが絡んだ経済関係の複雑な事件も多い。建設関係や金融、不動産など幅は広い。だから勉強する法律は多い。ヤクザはシノギのためにいろいろな知恵をつけて活動している。その上をいくような捜査が求められる。そのためには幅広い法律の知識や、捜査の経験が必要になる。

事件の捜査だけでなく、日常的に捜査の対象となっているヤクザについての知識を身につけておく必要がある。相手の組織形態、トップの人間としての人となり、それだけでなく執行部に入っている幹部たちの名前や役職、役割、さらに性格、普段の活動などについても頭にインプットする必要がある。

情報収集のためにヤクザの幹部に接触したところで、相手から「この刑事は何も分かっていないな」と思われたらダメ。逆に「この刑事は自分たちのことをどこまで把握しているのだろうか」と疑心暗鬼にさせるほどでなければならない。

歴史を学ぶことも必要だ。相手を知るためには組織の沿革についての深い知識も必要になってくる。勉強のためにヤクザについての書籍を読みあさった。若いヤクザに対して、「昔の親分はどうだった、こうだった」などと所属している組織の歴史などを説明してやると、「この人は自分たちのことをよく知っているな」となる。日常的に接触を重ねて、このような雑談をしつつ情報を取れるよう人間関係を作る必要がある。

ガサ入れの際なぜ若手組員が怒号を上げるのか

4章でも触れたが、マル暴による暴力団事務所へのガサ入れ（家宅捜索）は最初から大騒動になる。警視庁に限らず全国各地で行われる警察による暴力団事務所のガサ入れでは、暴力団側が素直に捜索に応じることはほぼない。「ガサ状（捜索令状）がある。事務所に入れろ」「入れない」で怒鳴り合い、怒号が響く。

ガサに入る警察の捜査員たちは、ヤクザ顔負けの派手な色調のダブルのスーツなどのヤクザファッションに身を包んでいる。パンチパーマだけでなく、一部に剃りこみを入れていたり、なかにはスキンヘッドの捜査員もいる。一見するとどちらがヤクザか分からないし、ヤクザ同士の対立抗争や乱闘騒ぎと見間違えそうになる。

捜査員とヤクザの若い衆との違いは一点だけ、「組対四課」（警視庁の場合）の文字が映える腕章だ。家宅捜索の際には、捜査員はほぼ全員が腕章をつける。

神奈川県警暴力団対策課捜査幹部OB

派手な身なりのヤクザファッションの刑事が多いのは、相手に気後れしないためということもある。情報収集などで日常的にヤクザと接触していれば、こうした服装のほうがなじむ。ただこれは上司や先輩から指導されるとかではなく、自主的なもの。ヤクザファッションの刑事ばかりではなく、なかには銀行マンのようなきちっとしたスーツ姿の四課の刑事も少なくない。

はじめに「四課だ！」と相手に伝えることが重要。「四課が来たならしょうがない」と相手に思わせるようにしなければならない。そうなるようにガサ入れ前には入念な準備が必要だ。

ヤクザの事務所のガサ入れに行くと、どこでもほぼ毎回、若い衆が「何しに来た！テメー、この野郎！」と騒ぐ。「警察のみなさん、はいどうぞ。こちらです。お入りください」とやっていたら、兄貴分たちに怒られる。若い衆はここで格好つけて、突っ張ったところを見せなければならない。だからわざわざ余計に騒ぐ。

首都圏に活動拠点を構える指定暴力団古参幹部

事務所で留守番している若い衆は、警察がガサに来たからといって勝手に（玄関を）開けていたら兄貴分たちにどやしつけられる。だから、突っかかって警察を押し返そうとする。

あとは（ヤクザ側の）責任者が来るまでの時間稼ぎという場合もある。実際、事前にガサ入れの情報が入っていることも少なくない。それでも一応、若い衆は騒いで押し問答を繰り返す。この場合はお約束というか、お決まりのセレモニーだな。

この古参幹部の事務所にはこれまで警視庁だけでなく神奈川県警など各地の警察本部の四課の家宅捜索が何度も行われてきたが、「警視庁の四課は捜査員の人数がまったく違った」と話す。

前出の古参幹部

はじめて警視庁のガサが来たときは捜査員の人数があまりに多くて驚いた。ほかの警察本部の四課の場合は十数人だが、警視庁はその2~3倍の数で来る。

バレていないはずの何かほかのデカい事件の隠しネタでもあるのかと思ったが、組織がそれだけデカくて、ちょっとしたガサでも人数を多く集められるということだ。後には慣れっこになったが……。

指定暴力団元幹部

以前に大阪の四課に逮捕された際には、取り調べ室に入ると、最初からとにかくガンガンと怒鳴りつけられた。取り調べが厳しく、往生した。その点、警視庁の場合は大声で攻め立てられることはないが、取り調べは理詰めで来る。言い逃れできないようにきっちりと詰められる。これはこれで往生した。同じ警察でも(組織としての)違いはあったのは確かだ。

現在は裁判員裁判対象事件を中心に取り調べの様子は録音・録画されるため、威迫的な取り調べがあればすべて記録が残る。

刑事と組長に「信頼関係」は成立するのか

神奈川県警暴対課ベテラン刑事

組対には「視察」という特殊な仕事を担当している捜査員もいる。ヤクザの情報収集がメインの仕事だが、ヤクザと面会して「何か情報をくれ」と頼んだところで事件に繋がるような情報が出てくるわけではない。対象の組織について、組長から幹部、末端の構成員に至るまで基本的な組織形態などを把握するところから始まる。

調査の対象として割り振られた暴力団の実態を知るため、日常的にヤクザの事務所に顔を出して、組長をはじめ幹部クラスたちと面会して顔つなぎをする。昔は事務所の壁に組長から順番に組員の名札が掲げられていた。これをチェックして構成員は何人いて、どういう名前の組員がいるのか把握する。もちろんそれだけでなく、組織の動向全般について探りを入れていた。

東京都内に主な拠点がある住吉会や松葉会、極東会、横浜や川崎など神奈川県内に拠点が多い稲川会の事務所には、警視庁や神奈川県警の視察担当が常時出入りしていた。

住吉会や稲川会のような巨大組織となると拠点は関東だけではない。警察庁によると2022年時点で住吉会の構成員は約2400人で1都1道1府14県に傘下組織が拠点を構え、稲川会は約1900人で1都1道15県に勢力が及ぶ。

組織が大きいため直系の二次団体だけでも多くの傘下組織がある。二次団体の下にはさらに三次団体、四次団体と傘下組織がピラミッド型に連なり、かなりの数の事務所に足を運ぶ。

前出のベテラン刑事

事務所の組員の名札が裏返しになっていたりすると、「刑務所に沈んでいる（服役している）のか？」となるし、名札自体がなくなっていたら「不祥事を起こして組織から破門されたのか？」と想像できる。そして、それとなく幹部に話を向けて実態を探る。組織について把握した内容を報告書にまとめていた。

神奈川県警にはいまも語り継がれる伝説的な視察担当の刑事がいた。

稲川会を創設した稲川聖城から信用を置かれて、静岡県熱海市の本部で毎月開かれていた稲川会の定例会に同席することを認められていたうえ、常に稲川の隣の席が用意されていたという。

直参に取り立てられたばかりの若手幹部らは、「親分の隣にいつも座っている人はどういう役職の人だろうか？」と、この視察担当者を稲川会の大幹部だと思い込んでいたというエピソードも伝えられている。

神奈川県警捜査幹部ＯＢ

この担当者がいたときは、稲川会の会合で出た話はすべて警察として把握することができた。稲川会の執行部から傘下組織への通達事項や人事、近況報告などだ。もちろん警察に聞かれてはまずい話はこの場では出さず、場を変えて会合が持たれていただろうが、公式の会合に出席してリアルタイムに情報を把握できたのは大きかった。

その後も、視察担当と暴力団幹部の間のパイプが保たれていた時期には、何か事件が起きた際は視察担当が組長クラスに直接電話を入れて、「やったヤツを出頭させろ」と要請し、出頭させることも多々あったという。

しかし、近年は「実行犯はまず逃げてしまい、追跡は大変な苦労になっている」（前出のベテラン刑事）。

前出のベテラン刑事

大昔の話だが、新親分が襲名披露を開催するときなどは、逮捕を予定している幹部に「無事に終わったら、翌日には必ず出頭してこい」と伝えておくと、約束通りに出てきたそうだ。警察側が義理を欠かなければ、相手も義理を欠くことはなかった。

いま、義理に期待していたら逃げられてしまう。最近はむしろ、義理事が開催されるという情報が入り、捜査対象が出席するとなれば、会場近辺で逮捕状を用意して張り込んで待ち構える。

ヤクザにとって義理事は欠かせないから、必ず姿を現す。そこで逮捕する。もっとも確実な方法だ。義理事が終わるまで、などと悠長なことは言っていられない。まして「義理事が終わったら出てこい」なんていう牧歌的な話は、まったくなくなった。

「3ない主義」は警察との関係をどう変えたか

警察と暴力団の関係が決定的に変化したのは、1992年に施行された暴力団対策法がきっかけだった。

かつて暴力団事務所の玄関脇など、人々の目に触れる位置に組織の名称が書かれた看板が掲げられていたが、暴対法施行後は多くが撤去され、事務所内の組員の名札も外された。

さらに、2011年までに全国で整備された暴排条例が追い打ちとなった。視察担当も含めて事務所内に警察関係者をまったく招き入れなくなり、接触さえしない、情報は出さないという姿勢に変わった。

こうした方針を強く打ち出したのが、六代目山口組の司忍組長、髙山清司若頭の出身母体である弘道会である。「警察官に会わない」「情報を提供しない」「事務所に入れない」という弘道会の「3ない主義」は業界に知れ渡っている。

弘道会系組織では一時期、警察がガサ入れの際に家宅捜索令状を示しても、かたくなに事務所の玄関を開けようとせず、機動隊員たちが門や玄関をチェーンソーで破壊して捜索に入ることもあった。

警察当局の捜査幹部OB

あるとき、門を破壊してガサに入ったところ、後日、修理代金の請求書が送られてきた。その場でゴミ箱に捨てたが。

関西地方に拠点を構える指定暴力団幹部

事務所はいわば会合の場。警察も何かあるたびにガサ入れに来るが、何もない。そういう意味では、ガサはただのセレモニーにすぎないのではないか。

かつて事務所には部屋住みの若い衆がいて、電話番のような仕事が重要だった。しかし、いまは携帯電話の時代。事務所に張り付いている必要はない。

近年は視察の刑事さんは事務所に来ない。付き合いがあっても、用がある際には携帯に連絡してきて、外で会うことにしている。

前出のベテラン刑事

顔つなぎができている幹部クラスとは事務所で会うこともあるが、多くは外に呼び出して喫茶店などで話を聞くようにしている。いくら携帯電話の時代でも、何かしらの方法で接触しなければ情報は取れない。とにかく内部の情報を提供する協力者の獲得が重要だ。

「四課」の名前が消えてどうなったか

警視庁は2022年4月に組織犯罪対策部の組織を大幅に改編した。組対三課と四課が統合されて、暴力団対策課として生まれ変わったことは前述した。暴対課は約350人体制で発足した。

ただ、昭和から平成、令和の時代にかけて、警視庁の刑事部捜査四課や組対部組対四課で現場の捜査にあたってきた刑事たちにとっては、「四」という数字には特別なこだわりがあり、「自分たち、刑事のプライドだ」という意識が高かった。

刑事部捜査四課の時代から、四課の名称は半世紀以上にわたって使われてきた。なかには「四課ブランド」という言葉で表現する刑事もいた。

組対四課は暴力団同士の大規模な対立抗争事件や、殺人や傷害事件などのほか、暴力団が関与した経済事件まで幅広く手がけてきた。

一方の組対三課は暴力団対策法に基づく構成員の認定や、飲食店などからみかじめ料、あいさつ料を徴収していた場合に中止命令を出すなど、暴力団の活動の規制や排除が主だった。

ちなみに外国人犯罪グループの捜査を担当する組対一課、二課が「国際犯罪対策課」(約250人)となり、覚醒剤などの違法薬物や銃器犯罪の捜査担当の組対五課は「薬物銃器対策課」(約190人)となった。

組織改編でマネーロンダリング(資金洗浄)などを専門に捜査する「犯罪収益対策課」(約110人)が全国ではじめて設置された。このほかに、部内調整などを担当する「組織犯罪対策総務課」(約130人)などがある。

これによってついに、四課の名称は消えることになった。

警視庁組対四課の捜査幹部ＯＢ

所轄から警視庁本部に異動になった際に「四課ブランド」というプライドを叩きこまれた。長年ヤクザを相手に捜査を続けてきたが、四課という名称がなくなるのはさみしい限りだ。

神奈川県警でも同様の組織再編があり、２００５年に捜査四課が暴力団対策課へと名称が変わった。

神奈川県警で捜査四課と暴対課の双方に所属した経験がある捜査幹部ＯＢ

ヤクザの犯罪を専門に捜査する部署である「四課」という言葉の響きに憧れて、所轄の刑事課から（神奈川県警）本部の四課で捜査をしたいという希望を持つ若手刑事は多かった。自分も四課という名前に誇りを持っていた。当時は四課の名前が「なぜなくなるのだ」とさみしい気持ちだった。

自分も四課という名称には愛着があるし、さみしさはある。しかし、四課という名称がなければ捜査ができないということではないし、やるべき仕事をやるだけだ。これからも捜査を続けなければならない。ガサ入れの際に「四課だ！ 開けろ」と大声を出すと気合いが入ったものだが……。

指定暴力団古参幹部

現場の刑事たちは四課という名前には愛着があるのだろう。自分たちには四課という言葉には愛着などはまったくないが、なじみのある言葉ではある。

新たなターゲット半グレ捜査の難しさとは

再編成された警視庁暴力団対策課は「半グレ」と呼ばれる不良グループについても捜査している。

警察当局が実態把握を進めたところ、これまでに全国で60〜80グループが存在し、人数にして約4000人が確認された。2022年末時点で警察庁がまとめた国内最大の暴力団である六代目山口組の約3800人よりも多いことになる。

人数だけ見れば大勢力だが、六代目山口組の場合はひとつの組織を形成しているのに対して、半グレはグループごとに数十人規模で活動していることが推測される。なかには100人以上が確認されていたグループもある。

現場の刑事からすると、暴力団ほどの強い組織性がないため、むしろ「暴力団よりやっかいな連中だ」という。

警察庁は半グレグループについて、「暴力団ではないが、暴力団的な反社会的活動を行っている」として「準暴力団」と位置付けて警視庁をはじめ全国の警察本部に取り締まり強化を指示してきた。

全国の暴力団、半グレ対策を担当する警察庁幹部

警察としては、約4000人の半グレのメンバーに対してナンバリング登録を行っている。そしてリーダー格と構成メンバーについての基礎的な情報収集、さらに活動実態、資金源などの解明に力を入れている。

半グレは組織性があるようでない。ある事件についてはグループが組織的に実行したとしても、別の事件では複数のグループのメンバーが個人的な繋がりで不規則に集まり事件を起こすということが珍しくない。事件ごとに離合集散が繰り返される。暴

力団の場合は事務所を構え、定期的な会合が開かれるのが通常のケースだが、半グレのグループには事務所はないし、会合があっても不定期。集団ではあるが組織と言えるほどではないこともあり、実態の把握が難しい。

半グレのグループの数が60〜80と幅があるのは、常に離合集散があり暴力団のような組織性がないためだという。

警察当局は半グレを準暴力団と位置付けたものの、準暴力団は暴対法や暴排条例の規制対象ではなく、殺人や傷害、恐喝、詐欺、覚醒剤取締法違反など個別の事件で刑法や特別法を適用して摘発している。

暴力団と半グレ「持ちつ持たれつ」の関係とは

警察当局が半グレという存在を強く意識したのは２０１０年11月に発生した「海老蔵殴打事件」からだろう。

人気歌舞伎役者、市川海老蔵（現・市川團十郎）がこの日、泥酔状態で東京・西麻布のバーに立ち寄り、アルコール度数の高いテキーラを灰皿に入れて周囲に飲ませた。居合わせた客がその振る舞いを制止し、逆上した海老蔵がつかみかかったところ、暴行を受け重傷を負うことになった。顔は腫れあがりシャツには血痕が付着したままタクシーで帰宅。人気絶頂の歌舞伎役者が「死ぬかと思った」と恐怖を語った。後に逮捕されたのは暴走族関東連合OBの男だった。

一部の半グレの資金源は振り込め詐欺などの特殊詐欺が中心と見られる。暴力団が半グレの活動のスポンサーになっていることもあるという。

関西地方に拠点を構える指定暴力団の幹部

自分のところにあいさつに来る半グレの連中もいる。当初は、何かしらのシノギをやってほかのヤクザとトラブルになったときにいわゆる「ケツ持ち」として、つまり後ろ盾になってほしいということなのかと思ったら、そうではなかった。「仕事を始めたいので出資してほしい」と言うので、都合してやった。

振り込め詐欺などのアジトとする、マンションの費用などだろうと思うが、詳しくは聞かないことにしている。後々になって、あいつらがマズいことになると、こちらの都合も悪くなるから。仕事がうまく軌道に乗ったのか、その後は定期的にカネを持ってくるようになった。

首都圏で活動する指定暴力団幹部

半グレの若いヤツが「資金を出してほしい」というので、それなりの額を出してやった。すると、それからせっせとカネを持ってくる。どうせヤバイ仕事だろうから内容は聞かなかった。もし、この若いヤツが警察に逮捕された際に、取り調べで「仕事を始めたときの資金はどうした」となり、こちらが事情を知って資金を出していたとなったら自分にも捜査が及ぶかもしれない。余計なことは知らないほうがいい。

半グレの連中をかわいがっておく必要もある。一生懸命仕事して毎月のように必ずカネを持ってくる。真面目でかわいい連中だ。

持ちつ持たれつの関係が一部ではあるとしても、他方では暴力行使の専門集団である暴力団に対して腕力で対抗する半グレグループもいて、街中で事件が発生すれば一般市民の巻き添えの可能性もあり危険な存在であるのは間違いない。

半グレとヤクザの決定的な違いはどこにあるのか

2022年10月、東京・池袋の「サンシャイン60」58階のフレンチレストランで乱闘騒ぎが発生した。乱闘騒ぎを起こしたのは半グレグループ「チャイニーズドラゴン」で、レストランには約100人のメンバーが集まり貸し切りパーティをしていた。

パーティが始まって間もなく怒声が響き渡り、「理由は分からないが、客同士がケンカをしている」と店から110番通報が入った。警察官が駆け付けると、頭部をけがして出血していた者数人を残して多くはすでに現場を立ち去っていた。

会場のあちこちでテーブルがひっくり返り、皿やグラスなどが割れた状態で散乱し放置されていた。

パーティは刑務所に服役していたチャイニーズドラゴンの元リーダーの「出所祝い」だったという。そこに情報を聞きつけた別のグループが押しかけ、乱闘となった。

チャイニーズドラゴンとは中国残留孤児2世、3世たちを中心にして結成された暴走族グループ「怒羅権」(ドラゴン)が源流とされている。1990年代に暴走行為を繰り返していただけでなく、暴力事件も引き起こしていた。次第に日本人も加わり組織が大きくなっていた。警察当局によると、チャイニーズドラゴンは全国で約1500人が確認されており、東京都内では約400人となっている。

全国の組織犯罪対策を担当している警察庁幹部

暴排条項があるため、ヤクザは飲食店やホテルなどで宴会を開けないことになっている。いまのヤクザはこの点をよく理解していて、目立つような宴会はまずやらない。暴対法の「賞揚等禁止」の規定で、暴力団同士の対立抗争で敵対する組織の組員を相手に暴力事件を起こし、服役した指定暴力団の組員については、出所祝いや慰労などの名目での金品の授受が禁じられている。

半グレはヤクザと違い、グループのメンバーの出入りが自由だ。暴力団は組織性があるが、半グレはつかみどころがない。暴力団組員は所属する組織を出たり、入ったりすることを「恥」と考えているが、半グレはまったく違う。ただ、暴力団と同様の粗暴性、資金獲得での知能性を備えており、重要捜査対象であることは間違いない。

警視庁組対四課時代から長年、暴力団による犯罪を捜査しつづけてきた刑事たちの間では、「なぜ、自分たちが半グレのようなガキどもの捜査をしなければならないのだ」という懐疑的な声も聞かれた。

しかし、池袋のチャイニーズドラゴンの乱闘事件を捜査し、一部の幹部の逮捕にこぎつけたのは、警視庁組対部暴力団対策課だった。

凶悪化する準暴力団、半グレグループについて警察庁は2023年7月、新たに「匿名・流動型犯罪グループ」という広い概念で位置付け、都道府県警の垣根を取り払って捜査を強化する方針を表明した。2022〜2023年に全国各地で連続強盗事件を引き起こした、「ルフィ」を名乗る指示役に率いられたグループなどを念頭に置いているという。

こうしたグループは、これまでオレオレ詐欺などの特殊詐欺を行っていたと見られていた。しかし、近年は「闇バイト」と称してSNSで若者らを募り匿名性の高い通信アプリなどで指示して白昼堂々と強盗事件を実行させるなど、警察庁は「治安上の重大な脅威」としている。

反社会的勢力は時代とともに変化している。

警察はこうした動きに対応していく必要があり、まだまだ課題は多い。

あとがき

暴力団組員は近年、減少しつづけている。

暴力団勢力の近年のピークは２００４年で、全国で約４万４３００人の構成員、約４万２７００人の準構成員が確認されていたが、その後右肩下がりに減少を続けた。

２０２２年現在で構成員は約１万１４００人、準構成員は約１万１０００人で、ほぼ４分の１にまで勢力が縮小した。

一般社会同様に、暴力団社会でも「少子高齢化」が進んでいる。２０２２年時点での構成員と準構成員を合わせた全国の暴力団勢力約２万２４００人を年齢別でみると70代以上は11・6％▽60代12・5％▽50代30・8％▽40代26・3％▽30代12・9％▽20代5・4％となっており、50代以上が過半を占める。

国内でも新型コロナウイルスの感染が広まってきたころ、ある指定暴力団幹部は高齢化の実態の一端について次のように話していた。

「コロナの影響で、定例の会合などはすべて中止になった。多くの人数で集まり『三密』の状態になると危険だ。特にうちの組織は年寄りが多い。それに喫煙者もかなりな人数になる。高齢なうえに喫煙者であれば、感染したら命が危ない。定例の会合だけでなく、人が集まるその他もろもろの行事はなくなった」

関西地方に拠点を構える指定暴力団幹部はこう話す。

「最近は反社排除で、スマホの契約はできない、車も買えない、銀行口座も開設できないなど、何もできない。半グレなどのほうが楽でいいという傾向はある。

それでもヤクザになりたいという若い入門希望者は少なからずいるが、組員にしてしまうと反社ということで排除され日常生活で不便を強いられる。警察からも目を付けられる。いいことは何もない。だから、最近はあえて組員とはせず盃を与えないが、組員と同じ扱いにしている。

うちの組織にはいまでは正式な組員の倍以上、数十人はいるだろう」

構成員が着実に減少しているのは確実だが、下げ止まっているという面もある。六代目山口組は分裂前の2014年には構成員約1万300人、準構成員約1万3100人だった。神戸山口組が離脱したこともあり、２０１５年には構成員約６０００人、準構成員約８０００人へと大幅に減少した。

その後、２０１９年の構成員は約４１００人、２０２０年は約３８００人。２０２１年には神戸山口組から巨大勢力である山健組が六代目山口組に移籍したこともあり、約４０００人へと増加。２０２２年は約３８００人と減少したが、近年の減少率は小さくなっている。

２０１２年の住吉会の構成員数は約５０００人だった。その後、減少を続けて２０２０年には約２６００人とほぼ半数となった。２０２１年は約２５００人となり、２０２２年は約２４００人と、近年は毎年、１００人ずつ減っているものの現状維持に近い。

稲川会は２０１１年には構成員数は約４０００人で２０２１年は約１９００人と10年間で半数を割り込んだ。しかし、２０２２年は約１９００人で現状を維持している。

ある指定暴力団の幹部は、語気を強めて今後について語った。

「警察による取り締まりが強化されようとも、法律の規制がさらに厳しくなろうとも、自分は絶対にヤクザを辞めない。10代の後半のころにこの世界に入ってほかの仕事をしたことがない。ここで生きてきたので、この生き方でやっていく」

暴力団勢力が縮小しているのは確かだが、少数精鋭となって強いヤクザが生き残っていくのか。

それとも、さらなる減少、絶滅へと進むのか。

いずれにせよ、本書で明かしたヤクザ世界独特の慣習、生き様は今後も意外なほど変わらないのではないかというのが筆者の実感である。

本書は出版各社のニュースサイトに２０２０年から２０２３年に連載した記事を大幅に加筆、修正した。

関係者のみなさまに感謝申し上げる。

２０２３年10月　尾島正洋

尾島正洋

ノンフィクション作家。埼玉県出身、早稲田大学政治経済学部卒業。
1992年、産経新聞社入社。主に社会部で事件取材を続け、警察庁記者クラブ、警視庁キャップ、神奈川県警キャップ、司法記者クラブなどを担当した。
2019年退社。著書に『総会屋とバブル』(文春新書)、『山口組分裂の真相』(文藝春秋)がある。

講談社＋α《プラスアルファ》新書 873-1 C

俺《おれ》たちはどう生《い》きるか

現代ヤクザのカネ、女、辞め時

尾島正洋《おじままさひろ》 ©Masahiro Ojima 2023

2023年12月12日第1刷発行

発行者―― 髙橋明男

発行所―― 株式会社 講談社

東京都文京区音羽2-12-21 〒112-8001

電話 編集(03)5395-3522

販売(03)5395-4415

業務(03)5395-3615

デザイン―― 鈴木成一デザイン室

カバー印刷―― 共同印刷株式会社

印刷―― 株式会社新藤慶昌堂

製本―― 株式会社国宝社

KODANSHA

定価はカバーに表示してあります。

落丁本・乱丁本は購入書店名を明記のうえ、小社業務あてにお送りください。

送料は小社負担にてお取り替えします。

なお、この本の内容についてのお問い合わせは第一事業本部企画部「＋α新書」あてにお願いいたします。

Printed in Japan

ISBN978-4-06-534460-6

講談社+α新書

「山上徹也」とは何者だったのか　鈴木エイト
安倍晋三と統一教会は彼に何をしたのか、彼の本当の動機とは、事件の深層を解き明かしてゆく　990円 868-1 C

在宅医が伝えたい
「幸せな最期」を過ごすために大切な21のこと　中村明澄
相続・お墓など死後のことだけでなく、じつは大切な「人生の仕舞い方」のヒントが満載　990円 869-1 B

「人口ゼロ」の資本論　持続不可能になった資本主義　大西広
なぜ少子化対策は失敗するのか？　日本最大の難問に「慶應のマル経」が挑む、待望の日本再生論　990円 870-1 C

薬も減塩もいらない
1日1分で血圧は下がる！　加藤雅俊
血圧を下げ、血管を若返らせる加藤式降圧体操を初公開。血圧は簡単な体操で下がります！　968円 871-1 B

1日3分！
血圧と血糖値を下げたいなら血管を鍛えなさい　加藤雅俊
血管は筋肉です！　つまり、鍛えることができます。鍛えるための画期的な体操を紹介します　968円 871-2 B

俺たちはどう生きるか　現代ヤクザのカネ、女、辞め時　尾島正洋
スマホも、銀行口座も持てないのになぜヤクザを続けるのか。新たなシノギと、リアルな本音　990円 873-1 C

表示価格はすべて税込価格（税10%）です。価格は変更することがあります